KB131978

우리에게는 헌법이 있다

우리에게는 헌법이 있다

서가명강 10

**당신의 행복을 지키는
대한민국 핵심 가치**

이효원 지음

서울대학교
법학전문대학원 교수

헌법 제1조 제1항
대한민국은
민주공화국이다

21세기북스

인문학

人文學, **Humanities**

언어학, 역사학, 종교학,
문학, 고고학, 미학, 철학

사회과학

社會科學, **Social Science**

경영학, 심리학, 정치학, 사회학,
외교학, 경제학, 법학

자연과학

自然科學, **Natural Science**

과학, 수학, 천문학,
물리학, 생물학,
화학, 의학

공학

工學, **Engineering**

기계공학, 전기공학, 컴퓨터공학,
재료공학, 건축공학, 산업공학

법학

法學,
Science of Law

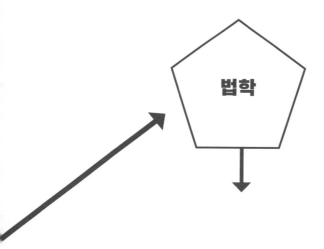

법학이란?
法學, Science of Law

강력하고 필수적인 사회 규범으로서 사회가 있는 곳에 늘 존재해온
'법'을 다루는 학문이다. 법 질서와 현상을 연구하며 이론과 체계를
고찰한다. 일반적으로는 헌법, 민법, 상법, 형법 등을 대상으로 하지만,
방법론적으로는 법해석학, 법철학, 법사학, 법정책학, 법사회학 등
광범위하다. 특히 현대사회에는 기술의 발달과 세계관의 급격한 변화에
따른 법의 발전도 요구되고 있는 만큼 법철학이 문제 삼고 있는 원리에서
실정법에 이르기까지 깊고 넓게 연구되고 있다. 철학과 사회과학을
아우르는 법학은 인간의 존재와 미래, 사회의 권력 구조와 작동 전반의
조화로운 이해를 가능하게 한다.

이 책을 읽기 전에 주요 키워드

자인(Sein)

'존재', '실존' 등을 의미하는 독일어. 이 책에서는 '존재의 세계', 즉 현실 세계를 가리킨다. 해석의 관점을 강조할 때 등장하는데, 사실판단을 하는 것이 곧 '자인'이다.

졸렌(Sollen)

'당위', '의무' 등을 의미하는 독일어. 이 책에서는 '당위의 세계', 즉 이념과 가치를 말하는 추상의 세계를 가리킨다. 해석의 관점을 강조할 때 등장하는데, 가치판단을 하는 것이 곧 '졸렌'이다.

국가권력

글자 그대로 국가의 권력을 뜻하지만, 민주주의를 지키는 사회는 국민이 국가의 정치적 의사를 결정하고, 국가는 이를 기초로 권력을 행사한다. 즉 국가권력은 국민주권을 기초로 법치에 따라 행사하고 자유민주주의를 실현함으로써 정당화된다.

사회계약설

근대국가를 형성하는 과정에서 시민혁명을 통해 절대왕정을 극복하고 국민주권을 확립하는 과정에서 채택된 사상적 기초. 국민의 동의에 의한 사회계약으로 국가가 성립된다는 견해를 말한다. 다만 이데올로기로 재구성된 학설일 뿐 정치 현실을 반영한 것은 아니다.

대의제(代議制)

국민의 대표를 선출해 국가 운영에 국민의 정치적 의사를 반영하기 위해 마련된 제도적 장치로, 간접민주주의라고도 한다. 헌법은 국가기관의 권한을 배분하는 방식을 규정해 이를 정하고 있다.

기본권

헌법이 보장하고 있는 보편적 권리로, 인간의 존엄과 가치, 행복추구권뿐 아니라 자유권, 평등권, 사회권, 참정권, 청구권 등이 있다. 모든 인간이 태어날 때부터 갖는 인권에 기초하고 있기 때문에 국가권력이 이를 침해할 수 없도록 헌법으로 보호하고 있다.

행복추구권

대한민국 헌법의 핵심적 가치 중 하나로 최고의 규범력을 갖는다. 헌법에서 규정하는 모든 기본권이 포함될 수 있을 정도로 광범위하고, 그만큼 해석의 방향도 다양하다. 인간에게 행복이란 고통이 부재하고 자유가 보장될 때 성립되는 것이므로 자유주의와 민주주의의 조화로운 실현이 강조된다.

평화권

1970년대 이후 국제사회에서 부각되고 있는 인간의 권리로, '평화적 생존권'이라고도 불린다. 인간의 존엄과 가치 실현은 평화로운 삶에서만 실현될 수 있으므로, 개인이 평화로운 삶의 조건에서 살아가는 것은 헌법적 가치이자 보편적 권리라는 견해이다.

건국헌법

1948년 제헌국회가 제정하여 공포한 대한민국 최초의 헌법이다. 전문과 본문 10장 130개 조항으로 구성되었으며, 그 기본 가치는 아홉 차례 개정된 현행헌법까지 변함없이 유지되고 있다.

통일헌법

통일은 대한민국의 미래를 좌우하는 헌법적 가치다. 따라서 통일국가의 미래상, 즉 남북한 주민 모두 인간으로서의 존엄과 가치를 가지고 자유롭고 평등하게 행복을 추구하는 헌법적 가치를 담아 우리가 앞으로 준비해야 하는 것이 바로 통일헌법이다.

차례

1부   대한민국의 주권은 국민에게 있다
— 국민주권

2부   법은 행복을 추구할 권리를 보장한다
— 법치국가

"추상적 선을 추구하기보다 구체적 악을 제거하는
것이 보다 명확하고 안전한 방법이다."

헌법은 행복한 국가의 미래상이다

모든 인간은 행복을 추구한다. 하지만 인간의 삶이란 불안하고 고통스럽다. 행복은 고통의 부재이기에, 행복에 대한 강한 욕망은 그만큼 더욱 큰 고통을 가져온다. 고통을 제거하고 행복하기 위해서는 현실적 자기이해가 선행되어야 한다. 인간은 거울을 통해 자기를 인식하고, 타인과 세상을 통해 자기를 재인식한다. 그리고 어떻게 살 것인지를 고민하고 결정한다. 인간은 누구나 자기의 방식으로 철학하며 살아간다.

　이 책은 대한민국이라는 국가를 헌법이라는 잣대로 살펴보기 위해 기획되었다. 성찰의 대상은 대한민국이고, 그 거울은 헌법이다.

왜 대한민국이라는 국가를 살펴봐야 할까? 현대사회에서 개인과 국가는 불가분의 상관관계를 맺으며 서로 밀접한 영향을 주고받는다. 국민 없는 국가가 없듯이 국가 없는 개인도 상상하기 어렵다. 개인이 자신이 속한 국가를 이해한다는 것은 또 다른 자기를 발견하는 것이다. 내가 지금 살아가는 대한민국을 살펴보는 것은 '나'의 실존, 즉 현실에서 구체적으로 드러나는 고유한 자기발견을 위한 것이다. 이것은 나의 행복을 찾는 시작이기도 하다.

왜 헌법이라는 잣대로 살펴봐야 할까? 헌법은 국가의 기본적인 사상과 비전을 담고 있다. 개인이 어떻게 살 것인지를 철학하듯이 인공적인 인격체인 국가가 어떻게 유지되고 발전할 것인지를 고민해 규범으로 체계화한 것이 헌법이다. 행복한 국가의 미래상이 헌법인 것이다. 헌법은 대한민국의 현실적인 자기이해를 위한 수단이자 기준이다. 대한민국을 제대로 이해하기 위해서는 현실을 인식하고 헌법을 통해 재인식하는 과정을 반복해야 한다.

이 책에서는 대한민국을 읽어내는 헌법적 가치를 4가지로 제시했다. 국민주권, 법치국가, 자유민주주의, 평화와 통일이 그것이다. 이러한 헌법적 가치를 통해 대한민국을 읽어가는 과정에서 '개인 – 국가 – 헌법'의 상관관계를 고민하게 될 것이다. 국가가 또 다른 자기이고, 헌법이 국가를 들여다보는 규범적 기준이라면, 자연스럽게 다음의 두 가지 질문이 떠오르게 된다.

첫째, 국가에 대한 사랑, 즉 애국愛國은 무엇을 의미할까? 국가를 사랑하는 것이 가능할까, 필요할까, 그리고 가치로 옳을까? 인공적 인격체인 국가를 자기실존의 필수적 부분으로 이해한다면, 인간에 대한 사랑으로 치환할 수 있다. 인간은 이기적인 본능을 가지고 있어 믿을 수 없는 존재다. 하지만 인간을 믿는다는 것과 사랑한다는 것은 다른 차원이다. 인간은 믿을 수 없는 존재라는 것을 이해하고 수용할 때 비로소 사랑할 수 있다.

국가 역시 언제든지 개인을 폭력적으로 지배할 위험이 있기에 믿을 수 없다. 하지만 국가를 제대로 이해한다면 사랑할 수 있다. 애국을 국가 자체에 대한 존경과 충성으로 이해하면, 이는 권력자의 이데올로기가 되기 쉽다. 애국은 국가의 헌법적 가치를 사랑하는 것이 되어야 한다. 이때 비로소 국가를 사랑할 수 있고, 애국은 가치로운 것이 될 수 있다.

둘째, 헌법적 가치를 어떻게 실현할까? 헌법은 규범학이다. 사실판단을 전제로 가치판단을 대응시켜 양자를 일치시키기 위해 노력한다. 가치판단은 시간과 공간에 따라 상대적이고, 개인의 관점에 따라 주관적이다. 즉 보편타당성을 갖기 어렵다. 헌법적 가치 역시 절대적 진리가 아니다. 추상적인 헌법적 가치를 특정한 해석의 틀로 강요하게 되면 다수에 의한 폭력적 지배가 발생할 위험이 있다.

따라서 추상적 선을 추구하기보다 구체적 악을 제거하는 것이 보다 명확하고 안전한 방법이다. 선한 가치는 추상적이어서 잘 보이지도 않고 알기도 어렵다. 악한 표상은 구체적이어서 상대적으로 잘 드러나고 알기도 쉽다. 따라서 헌법적 가치를 적극적으로 찾아 실천하기보다 반(反)헌법적 모습을 하나씩 고쳐나가는 것이 현실적이고 안전하다.

로스쿨 체제로 전환된 이후, 서울대학교에서도 2018년 법과대학이 없어지고 강의 또한 변호사 시험에 맞추어야 했다. 때문에 강의실에서 학생들에게 헌법에 대한 내 생각을 진솔하게 나눌 여유가 부족했고, 이 점이 늘 아쉬웠다. 이 책은 헌법을 공부하고 강의하면서 고민하고 느낀 것을 정리해 요약한 것이다. 특히, 평화와 통일에 대해서는 그동안의 연구 성과를 책으로 정리한 『통일법의 이해』와 『평화와 법』을 참고로 했다. 여기에는 검사로 근무하면서 몸으로 공부한 것이 녹아 있고, 대한민국 헌법과 현실에서 드러난 졸렌Sollen과 자인Sein의 괴리를 어떻게 해소할 것인지에 대한 사유가 가미되어 있다.

이 책이 발간될 수 있도록 학문의 길로 인도해주신 김철수金哲洙 선생님과 성낙인成樂寅 선생님께 깊이 감사드린다. 아울러 서가명강을 기획하고 책의 편집과 출간을 도와주신 장보라 팀장을 비롯한 여러 분들께도 감사드린다. 이 책이 나와 독자에게 자신을 성찰하고, 내일을 꿈꿀 수 있는 또 하나의 생각거리로 남겨지길 기대한다.

2020년 5월

이효원

1부_____

헌법 제1조 제1항
대한민국은
민주공화국이다

대한민국의

주권은

국민에게
있다

국민주권

국민주권은 헌법에 의해 보장되며 국가권력의 폭력으로부터 개인의 존엄과 가치를 보호한다. 국민주권이 법 조항을 넘어 현실에서도 실현될 때 국가권력은 비로소 정당화된다.

좋은 헌법을 가져야 하는 이유

세계를 보는 시선, 자인과 졸렌

세계는 관점에 따라 다양하게 이해된다. 그런 만큼 법의 세계에서도 존재와 당위를 매개로 한 해석의 관점이 중요하다. 자인의 관점과 졸렌의 관점이 그것이다. 즉 자인은 존재를 뜻하고 졸렌은 당위를 뜻한다. 법률가들은 사건을 마주할 때, 습관적으로 세계를 이원적으로 분석한다. 사실판단의 문제와 가치판단의 문제를 구분하는 것이다. 그리고 존재의 세계에 대해서는 자인의 관점으로, 당위의 세계에 대해서는 졸렌의 관점으로 바라본다. 즉 존재의 세계에 관한 사실판단은 증거에 의해 확정하고, 당위의 세계에 관한 가치판단은 법 해석을 통해 확정한다.

법은 자인과 졸렌이 일치하지 않을 때 그 차이를 해소하는 역할을 한다. 예를 들어 돈을 빌리고도 갚지 않았다는 사실판단은 자인이고, 빌린 돈을 갚아야 한다는 가치판단은 졸렌이다. 이 두 가지가 어긋날 때 법이 개입해 빌린 돈을 갚도록 강제함으로써 자인과 졸렌을 일치시킨다. 마찬가지로 살인을 저질렀다는 것은 자인이고, 살인을 금지하는 것은 졸렌이다. 법은 살인자에 대해 형벌을 부과함으로써 자인과 졸렌을 일치시킨다. 이때 자인과 졸렌을 일치시키는 방식은 자인에 졸렌을 맞추는 것이 아니라 졸렌에 자인을 맞추는 것이라는 점을 잊지 말아야 한다.

현대사회에서 개인은 국가와 불가분의 상관관계를 맺고 살아간다. 개인이 국가를 구성하기도 하고, 국가가 개인을 형성하기도 하며, 서로에게 영향을 주고받으면서 변화한다. 법은 개인과 국가를 매개하면서 자인에서 졸렌으로 세계를 이끌어가는 기능을 한다. 특히 헌법은 법 가운데 최고의 법이며, 개인과 국가를 규율하는 최고규범이다.

개인, 국가, 헌법 이 세 가지 중 자인의 관점에서는 무엇이 가장 중요하고 본질적일까? 바로 개인이다. 국가는 개인을 위해 존재하지만 개인이 국가를 위해 존재하는 것은 아니다. 그렇다면 국가와 헌법 중에서는 무엇이 우월할까? 바로 국가다. 국가를 위해 헌법이 존재하지 헌법을 위해 국가가 존재하는 것은 아니기 때문이다. 그러나 졸렌의 관점에서 이 순서는 반대가 된다. 헌법, 국가, 개인의 순서로 중요하다는 것이다. 개인이 아무리 도덕적이고 훌륭하더라도 건강하지 않은 국가에서는 행복을 찾기 어렵다.

특히 국가와 헌법의 관계에서는 더욱 그렇다. 풍부한 자원을 보유하면서 구성원들이 잘살고 있는 국가라 해도 헌법이 바로 서 있지 않으면 그 나라에 미래는 없다. 헌법은 한 국가의 이념과 가치를 선언하고 이를 실현하기 위한 기본적인 틀과 방법을 규정하기 때문이다. 따라서 좋은 헌법을 가진 국가만이 미래의 희망을 가질 수 있다. 비록 현재는 어려운 처지에 있더라도 좋은 헌법을 가진 경우에는, 헌법이 제시하는 훌륭한 국가 이념과 가치 실현의 가능성이 있다. 이것이 좋은 헌법을 가져야 하는 이유다.

현실적으로 국가가 어떤지는 자인에 속하고, 그 국가가 어떤 국가가 되어야 하는가는 졸렌에 속한다. 개인이 행복한 국가를 만들기 위해서는 자인의 관점에서 국가의 현실을 이해하고, 졸렌의 관점에서 헌법적 가치를 실현해야 한다. 여기에서는 대한민국과 헌법이라는 세계를 졸렌의 관점을 기준 축으로 하고, 자인의 관점을 비교 축으로 해서 살펴보고자 한다.

국가는 독립된 법인격체다

국가란 일정한 지역에서 정주하는 다수 인으로 구성되며, 통치기관을 가진 권력에 의해 지배되는 통일된 조직체를 말한다. 국가의 성격에 대해서는 그 관점에 따라 다양한 견해가 제시되고 있다. 하지만 법적 관점에서는 사람인 자연인과 구별되는 독립된 법인격체, 즉 법인이라고 파악할 수 있다. 사람이 아니지만 법에 의해 인공적으로 사람으로 취급한다는 것이다. 이러한 관점은 왕이 곧 국가였던 절대왕정을 부인했다는 점에서 그 역사적 의미를 찾아볼 수 있다.

"짐이 곧 국가다"라고 한 루이 14세의 말처럼 절대왕정시대에는 왕이 곧 국가였다. 과거의 우리 또한 마찬가지였다. 모든 국토가 왕의 소유였고, 왕 자체가 국가였다. 그러나 국가를 법인으로 취급하는 순간 국가는 왕으로부터 독립된 법인격을 가지게 되고, 왕은 국가의 한 기관에 불과하게 된다. 이처럼 국가를 법인으로 이해하는 것은 절대왕정이 무너지는 계기를 마련했다. 뿐만 아니라 이는 오늘날 국가공동체의 이념적 기초인 국민주권을 확립하는 것과도 밀접하게 연관된다. 즉 국가의 최고권력인 주권의 주체가 왕이 아니라 국민이라는 논리가 가능하게 되었다.

국가는 정치권력이 작동하는 시스템이다. 정치란 국가에서 발생하는 다양한 가치를 배분하는 방식이다. 즉 국가의 재화나 용역을 누가, 얼마나 가질 것이며, 이를 어떻게 배분하느냐를 결정하는 방식인 것이다. 하지만 가치의 공정한 배분을 둘러싸고 갈등과 분쟁은 발생할 수밖에 없다. 국가를 구성하는 개인들은 서로 다른 가치와 이해관계를 가지기 때문이다. 이때 정치는 공정한 배분을 통해 갈등과 대립을 해소하고 국가를 통합하는 역할을 한다. 그리고 그 대상에는 재화나 용역 등 가치의 결과뿐만 아니라 국가를 유지하기 위한 비용과 책임도 포함된다. 즉 정치는 이러한 배분에서 정당화될 수 없는 자의적인 불평등이 없는 상태를 실현하는 것을 목적으로 하며, 이것을 정의라고도 한다.

그렇다면 권력이란 무엇일까? 권력이란 자신의 의사를 상대방의 의사에 반해 관철시킬 수 있는 힘이다. 상대의 입장에서는 권력자의 의사가 강제되므로 권력은 폭력적인 속성을 가지며, 행사를 위해서는 반드시 이를 정당화시키는 근거가 필요하다. 사회적 존재인 인간의 모든 관계는 특정한 측면에서는 권력관계로 환원시킬 수 있다. 결국 정치권력이란 국가공동체에서 다양한 가치를 분배하는 힘이며, 국가는 정치권력이 작동하는 시스템이다. 현실에서 정치권력은 국가를 계기로 국가권력으로 제도화된다. 현대 사회에서 국가는 가장 강력한 권력체이며, 평화와 안전을 위해 개인의 자력구제를 금하고 물리적 강제력을 독점한다. 이는 헌법을 기초로 형성되고 행사된다.

그렇다면 이와 같이 강력하고 폭력적인 성격을 가진 국가권력이 정당화되는 이유는 무엇일까? 바로 세 가지 측면에서 근거를 찾을 수 있다. 첫째, 절차적 측면에서 주권자인 개인이 동의했다. 둘째, 내용적 측면에서 개인의 자유를 보장하고 국가공동체의 안전과 평화를 유지한다. 셋째, 통제적 측면에서 권력이 남용되지 않도록 감시받을 수 있고, 그 권력의 행사에 대해서는 책임을 진다.

국가의 3요소: 영토, 국민, 주권

국가의 구성 요소는 무엇일까? 일반적으로 영토, 국민, 주권을 국가의 3요소라고 한다. 그러나 현대국가에서는 기술의 발달과 더불어 세계화 및 지역화로, 세계관이 급격하게 변화하면서 국가를 구성하고 구분하는 요소로서 이들의 의미가 많이 약화되고 있다. 즉 유럽연합ᴱᵁ과 같은 기구로 국경이 형해화形骸化되기도 하고, 다문화 사회에서와 같이 국적이 개방되기도 한다. 또한 국가의 주권도 국민에게 배타적이고 독점적으로 부여되고 있지도 않다. 그러나 이러한 변화에도 영토, 국민, 주권은 여전히 현대국가에서 국가의 정체성을 특정하는 핵심적 요소로 기능한다고 할 수 있다. 그 의미를 하나하나 살펴보자.

첫째, 영토란 국가의 지역적 기반으로서 국가의 통치권이 미치는 공간적 범위를 말한다. 이때 영토는 토지로 이루어진 공간만을 의미하는 것이 아니라 영해와 영공을 포함하는 영역이라는 의미로 해석된다. 영해는 영토에 접속한 일정한 범위의 해역으로서 배타적 어업 통제권, 해저광물자원 채굴권 등 국가의 통치권이 미친다. '영해 및 접속수역법'은 한반도와 그 부속도서에 접속한 12해리까지를 영해로 하고, 대한해협에서는 일본과의 관계를 고려해 3해리까지로 제한하고 있다.

영공은 영토와 영해의 수직 상공으로서 국가의 통치권이 미치며, 그 범위에 대해서는 대기권설, 인력설, 인공위성설, 영공무한설 등 다양한 견해가 있다. 그러나 국가가 실효적으로 지배할 수 있는 영공까지만 영역에 포함된다는 실효적 지배설이 다수 의견이다.

둘째, 국민이란 국가의 구성원으로서 국가의 통치권이 미치는 인적 범위를 말한다. 이때 국민은 국가를 전제로 하는 법적 개념으로 생물학적 혈통을 기준으로 구분하는 인종이나 문화와 역사를 기준으로 구분하는 민족과 구별된다. '국적법'은 국민의 자격인 국적취득을 선천적 취득과 후천적 취득으로 구분한다. 선천적 취득은 속인주의를 원칙으로 하고 부모양계혈통주의를 채택하고 있어, 부모 중 한 사람이라도 한국인일 경우 자녀를 한국인으로 인정한다.

또한 원칙적으로 단일국적주의를 채택해 대한민국의 국민이 외국 국적을 보유하거나 외국인이 대한민국 국적을 보유하는 것을 금지한다. 다만 세계화에 따라 국제적 이주가 증가하는 현실을 고려해 예외적으로 복수국적을 허용하고 있다. 한편, 헌법재판소와 대법원에서는 북한주민은 물론 북한이탈주민도 대한민국 국민이라고 판단했으며

(헌재 2000. 8. 31. 97헌가12 등), 이에 따라 북한주민도 대한민국 국민에 포함되는 것으로 해석된다.

셋째, 주권이란 국가의사를 결정하는 최고의 통치권력을 말한다. 전통적으로 주권은 대외적으로는 다른 나라로부터 독립된 권력이고, 대내적으로는 최고의 권력으로 이해된다. 주권은 헌법제정권력의 형식으로 국가의 기본법인 헌법을 제정하지만 주권은 헌법제정을 통해 헌법에 의해 조직된 구체적인 국가권력으로 변화하게 된다. 이처럼 주권은 헌법을 매개로 정치 및 역사적 개념에서 법적 개념으로 전환된다고 할 수 있다.

이러한 국가의 3요소는 헌법을 통해 명확히 규정되어 있다. 헌법 제1조 제2항은 "대한민국의 주권은 국민에게 있고, 모든 권력은 국민으로부터 나온다"고 규정해 국민주권을 명확하게 선언하고 있다. 제2조 제1항은 "대한민국의 국민이 되는 요건은 법률로 정한다"고 규정하며, 국민의 요건과 범위 등 구체적인 내용에 대해서는 법률에 위임하고 있다. 국민은 국가의 핵심적 요소로서 헌법적 사항에 해당하므로 그 기본적인 사항에 대해서는 헌법이 직접 규정하는 것이 바람직하다. 또한 제2항에서는 국가에 해외에 체류하는 국민도 보호해야 할 헌법적 의무를 부과하고 있다. 제3조는 "대한민국의 영토는 한반도와 부속도서로 한다"라고 규정해 영토의 범위 또한 선언한다. 한반도와 부속도서의 범위가 명확한 것은 아니지만, 대한민국은 그 이외의 영토에 대해서는 침략적 야욕이 없다는 것을 천명한 것이기도 하다. 이에 따라 북한지역도 헌법 규범적으로는 대한민국의 영토에 포함된다고 해석된다.

이처럼 대한민국 헌법은 제1조(주권), 제2조(국민), 제3조(영토)의 순서로 국가의 3요소를 규정하고 있다. 국가의 구성 요소는 역사적으로는 영토, 국민, 주권의 순서로 그 개념이 구체화되었지만, 헌법에서는 주권, 국민, 영토의 순서로 규정하고 있는 것이다.

사회계약의 이데올로기

국가의 기원과 근거에 대해서는 다양한 주장이 제기되고 있지만, 현대국가에서는 사회계약설이 일반적으로 수용되고 있다. 사회계약설이란, 국가가 구성원인 국민의 동의에 의한 사회계약으로 성립되었다는 것으로, 국민주권의 사상적 배경이 되었다. 왕권신수설을 근거로 한 절대왕정의 왕으로부터 국민이 주권을 빼앗아온 것이다.

이를 처음으로 체계화한 이가 바로 토머스 홉스[Thomas Hobbes]다. 홉스는 『리바이어던[Leviathan]』에서 국가의 기원과 근거를 설명하며 국가가 생기기 이전의 자연상태를 '만인의 만인에 대한 투쟁상태'라고 평가하고, 주권자인 인민이 평화 유지를 위해 국가에 주권을 양도하는 복종계약을 체결한 결과 국가가 성립했다고 파악했다. 또한 이 복종계약은 인민의 주권을 국가에 완전히 양도하는 것이므로 취소할 수 없고, 국가에 불복종할 수도 없다고 했다. 홉스의 이러한 사상은 주권은 왕이나 그 위의 신에게 있는 것이 아니라 사람에게 있다는 근본적인 인식 변화를 체계화했다는 점에서 혁명적이라고 할 수 있다.

존 로크[John Locke]는 홉스의 사상을 이어받았지만 결정적인 차이를 두었다. 영국의 명예혁명에 적용하기 위해 홉스의 절대군주론을 제한군주론으로 변형했다. 로크는 자연법에 의해 규율되는 평화적인 자연상태를 인정하면서도 사회적 갈등이 발생할 경우에 이를 해결할 중재자로 국가가 필요하다고 했다. 로크에 따르면 국가는 주권자인 인민이 자신의 생명, 자유, 재산을 지키기 위해 권리를 국가에 위임해 신탁하는 계약을 체결한 결과로 성립했다. 주권자는 국가가 권한을 남용해 위임계약을 위반한 경우에는 사회계약을 철회하거나 취소할 수 있고, 국가에 대해서도 불복종할 권리를 가진다. 이러한 로크의 사상은 영국의 명예혁명, 미국의 독립혁명, 프랑스혁명에 이르기까지 세계사를 뒤흔든 사회변혁의 사상적 기초가 되었다.

다음으로 장 자크 루소Jean Jacques Rouseau가 이를 이어받는데, 루소는 평화로운 자연상태로 돌아가기 위해서 국가를 창설했다고 봤다. 인간은 자연법만으로는 자연상태로 돌아갈 수 없으므로 전체 인민의 자유의사에 의한 합의를 통해 국가를 만들어야 한다는 것이다. 이때 국가는 주권자인 인민의 총의, 즉 일반의사에 따라 권력을 행사해야 하며, 이는 개인들의 특수한 이익의 총합인 전체의사와 구별된다고 봤다. 이러한 주권자의 일반의사는 법률의 제정을 통해 드러나며, 간접민주정치보다는 직접민주정치를 이상적 통치 형태로 인식했다.

이처럼 사회계약설은 근대국가를 형성하는 과정에서 시민혁명을 통해 절대왕정을 극복하고 국민주권을 확립하는 사상적 기초로 채택되었다. 즉 절대왕정이 왕권신수설

을 기초로 자신의 권력이 신으로부터 비롯되었다고 그 정
당성을 주장하자, 이에 대항한 의회가 주권은 국민으로부
터 비롯된 것이고, 자신들은 주권자인 국민의 대표기관이
라고 주장했던 것이다.

다시 말해, 국민주권이란 의회가 절대왕정을 붕괴시키
는 과정에서 자신의 권력 행사에 대한 정당성을 내세우기
위한 근거로 채택되었다. 그리고 이후 영국에서 선거권이
확대되고, 대중민주주의로 확대되는 과정에서 사후적으로
더욱 체계화되면서 국가권력에 정당성을 부여하는 기본원
리로 확립되었다.

이렇듯 국민이 주권자이고 사회계약을 통해 국가를 만
들었다는 것은 역사적 사실을 그대로 기술한 것이 아니라,
이데올로기로 재구성된 것일 뿐이다. 따라서 국민주권이
라는 추상적 개념에 포획될 경우 국민은 스스로 주권자라
는 착각에 빠져 국가권력에 무의식적으로 복종할 위험에
처할 수 있다. 사회계약설은 정치 현실을 반영한 것이 아니
라 정치 이데올로기로 작용한다는 것을 언제나 유의할 필
요가 있다.

헌법, 49일의 기적

밀실이 아닌 광장을 위한 기본질서

헌법은 국가의 최고규범이다. 영어와 프랑스어로는 'Constitution', 독일어로는 'Verfassung', 일본어와 중국어로는 '憲法'이라 한다. 'Constitution'이라는 단어가 본래 구성, 조직의 의미를 지니고 있는 것처럼, 헌법은 국가를 전제로, 국가권력의 구성과 조직을 규정한 기본법을 말한다. 즉 헌법의 핵심은 국가기관을 구성하고 이에 권력을 배분하는 것이다. 대한민국 헌법은 전문, 10장, 130개 조항, 부칙 6개 조항으로 구성되어 있다. 전문에서는 헌법의 연혁과 기본 이념을 선언하며, 부칙에서는 헌법 시행에 관한 사항을 규정한다.

본문은 크게 세 부분으로 구성되어 있는데, 제1장 총강에서는 헌법의 기본원리, 제2장에서는 국민의 기본적 권리와 의무, 그리고 제3장에서 제10장까지에서는 국회 등 국가기관의 조직과 운영이나 헌법개정에 대해 규정하고 있다. 컨스티튜션의 사전적 의미에 가장 부합하는 것이 바로 제3장에서 제10장까지의 내용이다.

헌법은 국가, 사회, 개인에게 공통적으로 적용되는 기본적 가치질서를 선언한 것이다. 따라서 국가권력에 정당성을 부여하는 헌법은 해석 및 적용 과정에서 공적 영역과 사적 영역을 구별해야 한다. 헌법은 공적 영역에서는 국가작용을 직접 규율하지만, 사적 영역에서는 개인의 자율을 최대한 보장하고 국가권력은 간접적으로만 작용하도록 한다. 즉 국가에 사적 자치에 관한 기본적 질서나 여건을 조성할 의무를 부과할 뿐이다. 국가는 개인의 자율성이 일탈 또는 남용되어 헌법적 가치가 침해될 경우에 비로소 사적 영역에 개입할 수 있다.

사회적 존재인 인간은 시간적으로는 과거, 현재, 미래를 함께 살고, 공간적으로는 사적 공간인 밀실과 공적 공간인 광장을 동시에 살아간다. 사회적 관련성이 큰 사안일수록 공적 영역에서 다루어져야 하지만 밀실에서 행해지는 개인적 취향이나 가치관의 문제와 같은 사적 사항까지 공론화해서는 안 된다. 국가권력이 사적 영역에 과도하게 개입하면 개인의 사생활을 질식시킬 위험이 있고, 이때는 전체주의가 지배하게 된다.

이와 반대로 공적 영역에 해당하는 사항을 개인의 사적 자치에 맡기는 것은 국가권력을 사유화해 다수에 대한 소수의 폭력을 초래할 위험이 있다. 따라서 모든 문제를 헌법을 통해 해결하려는 것은 국가가 개인의 밀실에 침입하거나 독재권력이 개인의 자유를 억압하는 위험을 초래한다.

전통적으로 정치활동은 공적 영역, 경제활동은 사적 영역에 해당한다고 인식되었기에, 정치는 민주주의에 따라 다수결에 의해 작동되는 것이, 경제는 사적 자치에 따라 자유시장질서에 맡기는 것이 원칙이었다. 그러나 현대사회에서는 공적 영역과 사적 영역을 구분하기가 어렵다. 범죄 예방과 안전을 위해 폐쇄 회로 텔레비전^{CCTV}으로 개인의 사생활을 감시하는 것이 용인되기도 하고, 경제활동이 순수하게 사적 영역에 머물고 있는 경우도 드물다. 그러나 사적 영역인 밀실에 국가와 헌법이 들어오지 않도록 경계하는 자세는 반드시 필요하다.

헌법은 이처럼 주로 공적 영역에서 국가와 개인을 규율하는 제도적 장치라고 할 수 있다. 특히 국가권력에 정당성을 부여하는 동시에 국가권력을 행사하는 절차와 한계를 설정함으로써 국가권력을 통제하는 기능을 담당한다. 헌법이 국가권력보다 우월하다는 것이 헌법국가의 핵심이다.

현대사회에서 국가는 개인의 생활에 막대한 영향력을 행사하면서 현실적으로 존재하는 조직체다. 하지만 동시에 국가는 추상적이고 관념적이므로 어떤 개인의 행위를 국가 행동으로 간주할 것인지가 매우 중요하다. 헌법이 이를 결정한다. 현실적으로는 헌법이 정치권력의 폭력을 정당화하기도 하고 정치권력이 자의로 헌법을 바꾸기도 하지만, 정치권력은 헌법을 통해 국가권력으로 전환되고 이때부터 헌법에 복종해야 한다. 이처럼 헌법은 단순히 국가권력의 기본적인 틀을 정해놓은 것뿐만 아니라 국가권력 행사에 정당성을 부여하고 권한 행사의 남용을 통제한다.

헌법에서는 주권자인 국민이 최종적으로 헌법을 제정하고 개정할 수 있다고 규정하고 있다. 이러한 헌법은 개인들이 인간으로서의 존엄과 가치를 바탕으로 자유롭고 평등하게 행복을 추구할 수 있는 국가공동체를 형성하고 유지하는 것을 목적으로 한다. 즉 헌법은 절차적으로 주권자인 국민이 제정한 것으로 국가기관에 권한을 부여하고, 내용적으로 개인의 자유와 권리를 보장하고, 국가공동체의 안전과 평화를 유지한다. 또한 국가권력이 정당하게 행사되도록 그 절차와 방법을 규정하고, 이를 위반한 경우에는 책임을 물을 수 있는 제도적 장치도 마련하고 있다.

대한민국 헌법의 탄생

우리나라는 헌법이 공포된 1948년 7월 17일 이래로, 이날을 제헌절로 삼아 국경일로 기념하고 있지만 대한민국 헌법은 하루아침에 무에서 유로 창조된 것이 아니다. 헌법이 공식적으로 공포되기 이전부터 한반도에서는 민주공화국을 만들기 위한 한민족의 피나는 노력이 계속되었다.

우리 민족은 19세기 서구 열강의 제국주의적 침략에 대응해 갑오개혁을 통한 대한제국 건설, 위정척사와 개화파의 개혁, 동학농민운동 등 다양한 방식으로 자주적 독립국가를 건설하기 위해 노력했다. 그러나 이러한 노력들은 특정한 계층이나 집단에 의해 주도되어 전체 민족의 광범위한 지지를 받지는 못했다. 국가를 형성하기 위해서는 이를 지탱하는 광범위한 중간층이 필요했지만, 당시에는 이러한 중간층이 형성되지 못했다. 따라서 특정한 계층이나 집단이 주도한 운동은 실패로 끝나고 말았다.

사실 대한민국의 기초가 된 정치사상은 고조선 이래 조선까지 이어지는 우리 민족의 고유한 국가철학을 발전시킨 것이 아니라, 유럽을 중심으로 한 서양 근대국가의 정치사상을 수용한 것이다. 때문에 국민주권에 기초해 민주공화국을 국가 정체성으로 채택하고 있는 대한민국 헌법은 그 기원에 대해 다양한 견해가 있다.

그러나 대한민국 헌법의 역사는 1919년 3·1운동에서 시작되었다고 할 수 있다. 3·1운동은 그 이전의 독립운동과는 완전히 양상을 달리했다. 처음으로 계층, 연령, 남녀, 지역을 초월해 하나의 민족의식을 공유하는 국민적 결합체를 형성하는 계기가 되었다. 대외적으로는 반제국주의 독립운동이며, 대내적으로는 반봉건주의 민주혁명이라고 평가할 수 있다.

근대 국민국가를 구성하기 위한 인적 요소로서, '우리'라는 연대 의식을 기초로 한 '국민'이 3·1운동을 통해 실질적으로 만들어진 것이다. 그리고 이 국민은 한민족의 독립국가를 건설하려는 주권적 의지를 기초로 형성되었다. 대한민국이라는 국민국가는 바로 이러한 국민이 이후 영토와 주권을 회복하면서 비로소 건설될 수 있었다. 그리고 한달 뒤 4월 10일 독립운동가를 대표한 29명이 상해에 모여 대한민국 임시의정원을 결성했고, 11일 대한민국 임시헌장을 의결해 실질적인 헌법을 제정했다. 총 10조로 이루어진 대한민국 임시헌장의 제1조 "대한민국은 민주공화제로 함"의 규정은 대한민국 헌법에 그대로 계승되었다.

1945년 8월 15일 해방 후에도 우리 민족은 한반도에 단일한 국가공동체를 만들지 못하고 남한과 북한으로 분단되고 말았다. 이는 미국과 소련의 대립으로 대표되는 국제적 요인과 남북한의 분열이라는 민족 내부의 모순이 함께 작용한 것으로 평가된다. 미국과 소련은 1946년 3월부터 한반도에 독립국가를 건설하는 문제를 논의하기 위해 미소공동위원회를 개최했으나, 임시정부의 구성에 참여할 정당과 사회단체의 자격에 대해 의견이 대립되어 아무런 성과를 거두지 못했다. 이에 미국은 1947년 9월 17일 유엔에서 한국의 문제를 논의하기로 결정했고, 유엔은 11월

14일 총회에서 유엔한국임시위원단을 설치하고 인구 비례에 의한 총선거를 실시해 국회를 구성할 것을 결정했다.

북한은 인구가 남한의 절반밖에 되지 않아 불리하다는 이유로 이 결정을 수용하지 않았고, 소련은 유엔한국임시위원단의 방북을 거절했다. 이에 유엔소총회는 1948년 2월 남한만의 총선거를 실시하겠다고 결정했고, 1948년 3월 17일 남조선과도정부법령 제175호로 국회의원선거법이 제정되었다. 이 법은 국회의원의 임기를 2년으로 규정했고, 친일파의 선거권과 피선거권을 인정하지 않았다.

남한에서는 제1조 "국민으로서 만 21세에 달한 자는 성별, 재산, 교육, 종교의 구별 없이 국회의원의 선거권이 있음"이라는 규정에 따라 1948년 5월 10일 총선거를 실시했고, 국회의원 정원 총 300명 가운데 198명을 선출했다. 선거가 실시되지 못했던 북한 지역의 100석과 4·3항쟁으로 선거를 치르지 못한 제주도의 2석은 제외되었다. 이 선거는 좌익 세력의 적극적인 방해와 일부 민족주의 정치세력들의 불참 운동에도 국민들의 높은 투표 참여로 비교적 공정하게 치러졌다고 평가된다.

이렇게 구성된 제헌국회는 5월 31일 개원해 6월 2일

30명의 헌법기초위원회를 구성하고 헌법 제정 작업에 착수했다. 헌법기초위원회의 초안은 정부 형태를 의원내각제, 국회를 양원제로 하며, 위헌법률심판권을 대법원에 부여하는 것으로 되어 있었다. 그러나 국회 논의 과정에서 정부 형태는 대통령중심제로, 국회는 단원제로 바뀌었으며, 위헌법률심판권은 헌법위원회가 갖는 것으로 수정되었다. 헌법 초안은 1948년 6월 23일 제16차 본회의에 상정되어 7월 12일 통과됨으로써 확정되었고, 7월 17일 국회의장이 공포한 날부터 시행되었다. 이때 헌법 제정 과정에서 별도의 국민투표는 거치지 않았다.

헌법제정의 과정에서 제기된 논쟁

대한민국 헌법의 제정 과정은 매우 중요한 의미를 가진다. 정부가 수립되고 헌법을 제정한 것이 아니라, 헌법을 먼저 제정한 후 그 헌법에 따라 정부를 수립했기 때문이다. 현실의 정치권력이 국가공동체의 기본적인 틀을 만들고 가치와 이익을 배분하는 기준을 설정할 때 정치권력의 자의가 아니라 헌법이라는 규범에 따라야 한다는 헌법주의가 처음부터 제대로 작동된 것이라고 할 수 있다. 또한 이때 제시된 국민주권, 법치국가, 자유민주주의, 권력분립의 원칙 등 헌법의 기본원리는 이후로도 계속 대한민국을 발전시킨 원동력이 되었다. 그러나 헌법 제정 과정에서 용어의 사용이나 정부 형태 등 몇 가지 사항에 대한 논쟁이 있었다.

먼저 국호와 국가 형태에 관한 논의가 있었다. 국가 형태에 대해서는 대한제국의 군주국으로 돌아가자는 의견도 일부 있었으나, 이미 민주공화국을 만드는 것이 당연하다는 공감대가 형성되어 있었다. 3·1운동을 통해 국민국가의 인적 토대가 형성되었으며, 대한민국 임시헌장 제1조에서도 대한민국은 민주공화제로 한다고 규정했기 때문이다. 국호에 대해서는 대한민국 이외에 조선공화국, 고려공화국, 한국 등이 제시되기도 했는데, 헌법기초위원회에서 표결한 결과 대한민국이 17표를 획득해 결정되었다. 고려공화국이 7표, 조선공화국이 2표, 한국이 1표를 얻었다. 국호 역시 대한민국 임시정부의 법통을 계승한 것으로 이해할 수 있다. 결국 헌법 제1조를 통해 국호는 대한민국으로, 국가 형태는 민주공화국으로 최종 선포되었다.

또한 '국민國民'과 '인민人民'의 용어에 대해서도 서로 다른 의견이 있었지만, 결론적으로 헌법 제1조 제2항에 대한민국의 주권은 국민에게 있고 모든 권력은 국민으로부터 나온다는 규정을 통해 국민주권을 천명했다. 대한민국 임시헌장과 헌법기초위원회 원안에서 주권자를 '인민'으로 규정한 것과 다른 결정이었다. 사실 '국민'이라는 개념은 국가를 전제로 한 것이기에, 헌법을 제정하고 국가를 만들어가는 주체로서의 주권자를 표현하는 데는 사회 상태에 있는 '인민'이라는 용어가 논리적이고 자연스럽다고 할 수 있다. 또한 '국민'은 일본 제국주의가 식민지의 피지배 계층을 일컫는 용어로서 식민지배의 유물이라는 주장도 있다. 그러나 당시 '인민'은 북한에서 광범위하게 사용하고 있었으며, 좌우 이념적 갈등을 대표적으로 상징하는 단어이기도 했다. 이러한 상황에서 대한민국이 '국민'을 선택하고 국민주권과 민주공화국을 채택한 것은 북한에서 인민주권과 인민공화국을 선언한 것과 대비되었다.

한편, 헌법기초위원회에서는 의원내각제를 기본적인 정부 형태로 추진했으나, 이승만은 의원내각제로는 새로운 정부수립에 참석하지 않겠다는 반대 의사를 표명했다. 결국 국회는 헌법 초안을 하루 만에 의원내각제에서 대통령중심제로 고쳐 혼합적 정부 형태를 채택하기로 결정했다. 국회의 구성에 대해서도 초안에서는 미국과 영국, 프랑스와 독일 등 대부분 서구 열강들처럼 양원제로 제시했으나, 한민당과 이승만의 정치세력의 타협으로 단원제가 채택되었다.

사법부 구성에서는 민주적 정당성을 강화해 배심제를 채택하고 위헌법률심판권도 대법원에 부여하자는 주장도 제기되었다. 하지만 기본적으로 직업관료제에 입각한 사법제도를 채택하되, 사법부의 관료화를 막기 위해 사법권을 분할했다. 즉 위헌법률심판은 헌법기초위원회에 부여하고, 탄핵심판을 담당하는 탄핵재판소를 별도 설치했다.

당시의 정부 형태를 두고 체계적으로 정합하지 않은 기형적인 정부 형태라는 부정적인 평가를 하기도 한다. 대통령과 부통령을 두면서도 직접선거가 아니라 국회에서 간접선거로 선출했으며, 부통령과 별도로 국무총리와 국무원을 설치하는 등 비정상적인 시스템으로 만들어졌다는 것이다. 1950년대 우리 정치가 헌법개정이나 권력 승계의 문제를 둘러싸고 심한 몸살을 앓을 수밖에 없었던 것도 건국헌법의 이러한 구조적인 모순 때문이라고 지적한다.

물론 헌법을 제정할 때 정부 형태에 대한 진지한 논의가 부족했고, 아홉 번에 걸친 개헌도 정부 형태 변경을 중심으로 이루어진 것은 사실이다. 그러나 사후적인 결과만으로 헌법 제정 시 채택한 정부 형태를 비정상적인 시스템이라고 단정할 수는 없다. 제도란 현실에 기반을 두어야 한다. 현실과 무관하게 제도적으로 이상적인 정부 형태란 존재하지 않는다. 우리에게 바람직한 정부 형태란 '발견'하는 것이 아니라 처한 현실에 기반해 '발명'하는 것이기 때문이다.

제2차 세계대전에서 일본이 패전함으로써 일제의 식민 지배에서 해방된 우리 민족은 근대국가를 운영한 경험이 없었다. 당시 한반도는 남한과 북한으로 분단되어 각각 미군정과 소련의 절대적 영향에 종속되어 있었다. 남한 안에서도 좌우익의 대립, 민족진영과 임시정부 세력 등 다양한 정치세력이 경쟁하고 갈등하고 있었다. 헌법 제정 과정에서 제시된 대부분의 헌법 초안은 미국식 대통령제나 영국식 의원내각제와 같은 특정한 정부 형태를 제시한 것이 아니었다. 당시에는 헌법 이론에 따른 전형적인 정부 형태보다 정부를 구성할 수 있는 정치세력과 인물들이 현실 정치에서 활용할 수 있는 정부 형태를 구상한 측면이 강했다.

또한 임시정부에서 다섯 번의 개헌을 거치면서 전형적

인 대통령제나 의원내각제를 채택하지 않고 국무위원제, 주석제, 국무령제 등 혼합적 정부 형태를 채택해 운영한 경험도 일정한 영향을 미쳤다고 판단된다. 결국 1948년 제정된 헌법은 우리 민족이 처한 국내외적 정치 상황에서 제시된 다양한 의견들을 수렴하면서 현실적으로 가능하고 필요하다고 판단한 정부 형태를 채택한 것이었다.

이 헌법에 따라 대통령과 부통령, 국무총리와 국무원, 그리고 대법원 등 헌법기구가 조직되어 마침내 8월 15일 대한민국 정부가 수립되었다. 다만 헌법 제10장 부칙 제102조에 따라 1948년 국회는 7월 17일까지는 헌법제정기관으로서 제헌국회의 성격을 가지며, 그 이후에는 입법기관으로서 법적 성격을 갖는다고 평가할 수 있다.

제헌절에 얽힌 이데올로기

최초의 헌법을 지칭하는 용어를 두고도 '제헌헌법' '1948년 헌법' '건국헌법' 등 그동안 많은 논란이 있었다. 그중 '제헌헌법'은 헌법을 제정하는 헌법이라는 것을 의미하므로 형용 모순적이다. '1948년 헌법'은 가치중립적이고 객관적이지만, 헌법의 규범적 성격을 나타내지는 못한다.

그런 의미에서 '건국헌법'은 대한민국을 건국하는 근본 규범이자 준거를 의미하고, 우리나라는 이 헌법에 의해 비로소 대한민국으로 태어났다는 것을 표현하므로 가장 적절하다 할 수 있다.

그러나 건국헌법의 명칭과 관련해서도 이데올로기적 논쟁이 있다. 바로 대한민국의 건국 시점을 둘러싼 문제다. 지난 2008년 8월 15일 제63주년 광복절 및 건국 60년을 기념하는 경축식이 거행되었을 당시에도 건국 시점에 대해 논란이 있었다.

먼저, 1919년 4월 13일 대한민국 임시정부를 대외적으로 선포한 시점을 기준으로 건국을 바라보는 견해다. 이 견해에서는 3·1운동의 반제국주의 및 반봉건주의의 혁명성을 강조하고 임시정부의 법통성을 확고하게 인정한다. 그 근거로는 1948년 제정된 헌법의 전문을 제시한다. 헌법 전문에 "대한국민은 기미 삼일운동으로 대한민국을 건립하여 (…) 민주독립국가를 재건함에 있어서"라고 규정되어 있는 것과 같이 대한민국은 3·1운동으로 건국되었다고 보는 것이 적절하다는 것이다. 또한 대한민국 임시정부가 '대한민국'이라는 연호를 사용했으며, 1948년 수립된 대한민국 정부도 이를 그대로 승계해 사용했다는 것도 근거로 제시한다. 이 견해에 따르면 1919년 4월 11일 제정된 대한민국 임시헌장 또는 1919년 9월 11일 제정된 대한민국 임시헌법을 '건국헌법'이라고 해야 할 것이다.

그런가 하면 대한민국은 1948년 8월 15일 정부수립으로 건국되었다는 견해도 있다. 이 견해는 3·1운동의 혁명적 성격은 인정하지만, 대한민국 임시정부를 국내외의 독립된 실질적인 정부로서 인정하기는 어렵다고 평가한다. 그리고 근거로 국가의 3요소인 영토, 국민, 주권을 갖추지 못했다는 점을 제시한다. 임시정부는 일제에 의해 영토와 주권을 상실한 상태에서 해외에서 수립되었는데, 상해, 한성, 노령의 독립운동 단체들이 주축이 되었으며 모든 독립운동 단체들을 통합한 것도 아니었다. 그러므로 이때 '전체 국민'의 주권적 의사가 반영된 것은 아니며, 대한민국 임시헌법에서도 대한민국이 광복되기 전에는 주권이 '광복운동자 전체'에게 있다고 규정했다는 것이다.

대한민국 임시정부 스스로도 1941년 조소앙의 삼균주의를 기본 이념으로 하는 '대한민국 건국강령'을 선포해 건국을 과제로 제시했으며, 1948년 제정된 헌법이 전문에서

"헌법을 제정한다"라고 규정한 것 또한 강조한다. 그러므로 대한민국은 1948년 8월 15일 건국되었고, 그 규범적 근거로 제정된 헌법이 건국헌법이라는 것이다.

건국의 시점은 역사적 상징성의 측면에서 상당히 중요한 의미를 지닌다. 하지만 최근 우리 사회에서 논란이 되는 것은 정치적 이데올로기에 기초한 소모적인 논쟁일 뿐이다. 이는 김구와 이승만을 대표로 하는 정치권력들의 이념적 싸움이라고 할 수 있다. 따라서 대한민국이 언제 건국되었느냐는 것보다 대한민국의 역사적 현재를 정확하게 인식하고, 보다 좋은 나라를 만들기 위해 노력하는 것이 더욱 중요하다.

이에 따라 1987년 개정된 현행헌법은 전문을 수정함으로써 대한민국 임시정부와 대한민국의 건국에 대한 논란을 최종적으로 정리했다. 대한민국의 건국 시점을 법적 관점에서 파악하기 위해 객관적인 사실을 인식하고 이를 규범적으로 평가한 것이다. 현행헌법은 전문에서 "대한국민은 3·1운동으로 건립된 대한민국임시정부의 법통과 (…) 계승하고, (…) 1948년 7월 12일에 제정되고 8차에 걸쳐 개정된 헌법을 이제 국회의 의결을 거쳐 국민투표에 의하여 개정한다"라고 규정하고 있다. 다시 말해 대한민국은 임시정부의 국민주권, 법치국가, 기본권 보장, 권력분립 등의 법통을 계승하고 있으며, 그 임시정부는 3·1운동으로 건립되었다는 것이다.

즉 대한민국은 1919년 3·1운동을 시작으로 1948년 7월 17일에 공포된 헌법에 근거해 8월 15일에 건국이 완성되었다고 평가할 수 있다. 1948년 8월 18일 중앙청에서 개최된 기념식의 명칭은 '대한민국 정부수립 국민 축하식'이었지만, 국회의원 총선거, 제헌국회의 구성, 헌법의 제정, 대통령 등 정부의 구성에 이르는 일련의 과정을 종합하면 이것이 바로 건국의 과정이라고 평가할 수 있다.

사실 한 나라의 수립은 일시에 이루어지는 정태적인 것이 아니다. 연속된 사건들이 상관관계를 맺는 일련의 과정을 통해 만들어지는 동태적인 것이다. 따라서 건국이라는 것은 사후적이고, 상대적으로 정의되고 평가될 수밖에 없다. 이러한 한계에도 불구하고 1948년 7월 17일 헌법이 공포되고, 8월 15일 정부가 수립된 것은 국가 정체성이 그 이전과 완전히 다르게 평가되는 전환점이었다고 할 수 있다.

건국헌법은
어떻게 만들어졌는가

대한민국 헌법의 뿌리

우리나라의 국호는 '대한민국大韓民國'이다. 영어로는 '리퍼블릭 오브 코리아Republic of Korea'라고 한다. 이 이름을 결정한 사람은 바로 국민이다. 주권자인 국민이 제정한 헌법에서 이를 규정하고 있기 때문이다. 이는 건국헌법에서부터 아홉 번에 걸쳐 개정된 현행헌법에까지 변함없이 유지되고 있다.

대한민국이라는 이름에는 본질적인 정체성이 잘 나타나 있다. 대한민국이라는 네 글자 중에서 가장 중요한 글자는 자인의 관점에서는 '한韓'이고, 졸렌의 관점에서는 '민民'이다. 즉 존재론적 관점에서는 한민족의 국가인 '한국'이라는 것이고, 당위론적 관점에서는 '민국'이어야 한다는 것이다. '리퍼블릭 오브 코리아'에서는 '코리아'가 '한'을, '리퍼블릭'이 '민국'을 의미한다.

아울러 '대한'은 위대한 한韓민족을 의미하니, 이러한 국가가 곧 민국이라는 의미다. 이때 '민국'은 두 가지 의미를 포함하고 있다. 첫째, 국민이 주권자인 나라다. 더 이상 황제가 주권자인 '대한제국'이 아니라 민주국가인 것이다. 둘째, '공화국'이다. 공화국이란 왕이나 군주를 인정하지 않고 국가공동체 구성원 모두의 '공공의 선善'을 추구한다.

서양의 근대국가는 인류의 가장 이상적인 국가 형태를 로마의 공화정으로 이해하고 있었다. 공화국이라는 단어는 '공공의 선'이라는 의미인 라틴어 '레스 푸블리카Res Publica'에 어원을 두는데, 19세기 동아시아에 서양의 법사상 및 이론과 함께 들어오면서 소개되었다. '리퍼블릭'을 당시 중국인들은 '민국'으로, 일본인들은 '공화국'이라고 번역했기에, 1911년에 쑨원孫文이 신해혁명을 통해 세운 나라를 중화민국이라 불렀다.

대한민국 헌법은 제1조 제1항에서 대한민국의 본질적인 정체성을 '민주공화국'이라고 선언하고 있다. 이때 '민주'란 국민이 주권자라는 것을 의미하며, '공화국'이란 '민국'과 같은 의미다. 따라서 대한민국이라는 이름에는 민주공화국이라는 우리나라의 성격이 내포되어 있다고 할 수 있다. 결국 대한민국이라는 국호를 통해 '위대한 한민족인 우리나라는 국민이 주권을 가지고, 국민 전체의 공익을 추구하는 나라'라는 것을 선언한 것이다.

그러나 헌법을 읽을 때 한 가지 유념해야 하는 점은 가치판단을 전제로 당위규범으로 해석해야 한다는 것이다. 즉 헌법 제1조 제1항의 '민주공화국이다'라는 규정은 형식적으로는 사실판단에 관한 기술이지만, 실질적 의미는 '민주공화국이어야 한다'는 당위적 요구로 이해해야 한다는 것이다. 제2항도 대한민국의 주권은 국민에게 있어야 하고, 모든 권력은 국민으로부터 나와야 한다고 해석해야 한다. 따라서 우리가 민주공화국이고, 모든 주권과 권력이 국민으로부터 나오는지에 대해서는 끊임없는 고민이 필요하다. 이와 같이 헌법은 사실판단이 아니라 당위규범으로 독해해야 대한민국의 미래와 지향점이 선명하게 드러난다.

건국헌법은 3·1운동 이후 민족적 독립국가를 건설하기 위한 노력을 기초로 만들어졌다. 광복 이후 다양한 정치세력들은 서로 타협과 합의를 통해 대한민국 임시정부의 법통을 이어받은 헌법을 제정했다. 1945년 8월 15일 이후 3년 동안 새로운 국가를 건설하는 노력은 다양한 형태로 전개되었다. 그러나 이는 제2차 세계대전의 승전 연합국인 미국과 소련이라는 강대국의 대립과 한반도 분할 통치라는 현실 앞에서 한계를 가질 수밖에 없었다.

결국 이러한 상황은 남한과 북한의 분단으로 귀결되었고, 남북한은 각각 서로 상이한 이념과 체제를 통해 통일국가를 건설하고자 했다. 이때 북한은 사회주의 정치세력을 중심으로 신속하게 통합되었지만, 남한은 정치세력의 갈등과 대립으로 분열되었다. 좌익과 우익이 대립되었고, 중도우익의 정치세력들 사이의 갈등도 심각해 정치적 의사를 하나로 수렴하기 어려운 상황이었다. 그러나 남한은 이처럼 국내외적으로 어려운 여건을 극복하고 헌법을 제정함으로써 민주공화국을 건설했다. 건국헌법에서 제시한 국가의 기본 이념과 질서는 현재까지 그대로 유지되고 있다.

이러한 과정을 통해 제정된 건국헌법은 대한민국 임시정부의 법통을 승계했다. 물론 앞서 말했듯이 대한민국 임시정부는 국가를 구성하는 요소로서 영토, 국민, 주권을 현실적으로 갖추지 못했고, 국내외 모든 독립운동 세력을 통일적으로 결집한 것이 아니었다. 내부적으로도 임시 대통령인 이승만을 탄핵하는 등 정치적 입장에 따라 대립과 갈등이 드러나기도 했다. 특히 연합국의 일원으로 승인받기 위해 노력했음에도 한반도의 인민들과 연결되지 않았으며 여러 지역의 독립운동 단체들을 결집한 것이 아니라는 이유로 국제사회에서 대한민국의 임시정부임을 공식적으로 승인받지 못했다. 이러한 이유로 해방 이후 임시정부의 요인들은 개인 자격으로 귀국할 수밖에 없었다.

대한민국 임시정부는 1944년까지 총 다섯 번에 걸쳐 임시헌법을 개정하면서 정부 형태를 바꾸어 운영했지만, 국가를 건설하는 헌법적 가치의 기본적인 틀은 그대로 유지되었다. 이와 같이 임시헌법을 자주 개정한 것은 임시정부 내부에서 정치적 이념이나 사상이 통일되지 않았고, 그 인적 구성에도 일정한 한계가 있었으며, 재정적으로 지원을 받지 못하는 등 당시 임시정부가 처한 국내외적 여건이 열악했음을 반영하는 것이기도 했다.

이는 건국헌법을 제정하는 과정에서 좌우익의 정치세력들 사이에 대한민국 임시정부의 법통을 둘러싼 다양한 주장을 낳기도 했다. 그러나 임시정부의 헌법과 운영의 경험은 건국헌법의 제정에 큰 영향을 미쳤다. 무엇보다 임시정부의 헌법적 이념과 가치가 현행헌법에서도 유지되고 있다는 점은 임시정부의 헌법이 대한민국 헌법의 뿌리라는 점을 더욱 강하게 확인시켜준다.

해방기의 현실이 반영된 사회주의적 색채

건국헌법의 또 다른 특징은 사회민주적인 경제질서를 채택했다는 점이다. 건국헌법은 제6장에서 경제질서를 독립적으로 규정했다. 제84조에서는 사회정의와 균형 있는 국민경제발전을 경제질서의 기본으로 하고, 개인의 경제상의 자유는 그 한계 내에서만 보장했다. 당시 자본주의와 사회주의가 극도로 대립하고 있었고, 남북한이 분단된 상태라는 것을 고려할 때, 건국헌법이 채택한 경제질서는 상당히 이례적인 것이었다. 건국헌법은 재산권을 보장해 사유재산제도를 인정하고, 자본주의에 기초한 자유시장경제질서를 채택했지만 자유시장경제질서의 전형은 아니었다.

제2장에서는 자유권 이외에 사회권을 기본권으로 규정하고, 근로자도 이익의 분배에 균점할 권리가 있다고 인정함으로써, 공공복리의 향상 또한 규정했다. 원래 국회의 심

의과정에서는 근로자의 이익 균점권 이외에 근로자의 경영 참여권도 수정안으로 제기되었으나, 경영 참여권은 삭제되고 이익 균점권만 인정되었다. 이외에도 광물 기타 중요한 지하자원과 자연력을 국유로 하고, 중요한 운수, 통신 등 공공성을 가진 기업은 국영 또는 공영으로 했다.

이를 두고 건국헌법의 경제질서가 북한의 경제질서와 큰 차이가 없고 서로 유사하다고 평가하기도 한다. 북한 헌법이 사회주의 계획경제를 기초로 하면서도 부분적으로 생산수단의 사적 소유를 인정하고 있었던 것처럼 남한헌법도 재산권에 대한 사적 소유를 인정하면서 사회경제체제를 채택했다는 것이다. 반면, 남북한의 경제질서는 이러한 공통점에도 근본적으로 차이가 있었다는 견해도 있다. 북한헌법의 경제원리는 국유재산제도와 국가에 의한 전면적 통제였으나, 남한헌법의 경제원리는 사유재산제도와 국가에 의한 보완적 관리였다는 것이다.

건국헌법이 경제질서에서 사회주의적인 요소를 대폭 수용한 것은 당시의 사회경제적 현실을 적극적으로 고려한 것이라 평가할 수 있다. 1945년 해방 당시에는 36년 동안 이어진 일본의 식민지배로 남한 농민의 80퍼센트 이상이 소작농이었으며, 사회 지도층을 형성하는 많은 지식인들은 크고 작게 일본과 협력 관계를 유지했던 사람들이었다. 즉 3·1운동을 통해 근대국가를 형성하기 위한 '국민'이 만들어지기는 했지만, 근대국가의 의미를 이해할 수 있는 소양을 갖춘 '중간층'은 확고하게 형성되지 못한 상태였다.

한편, 북한에서는 1946년 2월 북조선임시인민위원회를 구성해 토지개혁법령, 노동법령, 남녀평등권법령 등을 연이어 발표해 사회경제적 통합을 추진했다. 이에 좌우익의 대립뿐만 아니라 우익 내에서도 갈등이 고조되어 있었던 남한은 국민의 지지를 획득하기 위해 사회주의적 경제질서를 수용한다. 결국 반제국주의적 독립국가와 함께 반봉건주의적 사회질서를 구축함과 동시에, 경쟁 대상이었던 북한을 의식해 사회주의적 경제질서를 대폭 수용했던 것이다.

건국헌법이 재산권을 보장하면서도 공공복리의무를 부과한 것, 사회권을 광범위하게 인정하고 개인의 경제적 자유보다 사회정의의 실현과 균형 있는 국민경제의 발전을 기본으로 채택한 것 모두 시대적 상황을 반영한 결과라고 할 수 있다. 따라서 건국헌법에서 채택했던 경제질서는 자본주의에 기초한 자유시장경제질서를 전제로 하되, 현실적으로 새로운 국가를 건설하는 과정에서 사회주의적 요소를 우선적인 과제로 설정한 것으로 이해할 수 있다.

이후 1962년 개정헌법에서는 경제원칙에 관한 조항을 개정함으로써 자유시장경제질서를 기초로 개인과 기업의 자유와 창의를 원칙으로 선언했다. 현행헌법도 제119조에서 사유재산제도를 인정하고 자유시장경제를 원칙으로 하면서도, 공공의 이익을 위해서는 재산권 행사에 국가가 개입할 수 있는 여건을 마련해놓았다. 건국헌법과 비교하면 원칙과 예외를 서로 바꾸어 규정한 것으로 해석할 수도 있지만 자유시장경제를 기초로 국가의 규제와 통제를 허용한다는 점에서 공통적이라고 할 수 있다.

불행한 과거 청산을 위한 소급입법

건국헌법은 본문에서 소급입법을 원칙적으로 금지하면서도 부칙에서 그 예외를 인정하고 있다. 건국헌법은 제23조에서 모든 국민은 행위시의 법률로 범죄를 구성하지 않는 행위에 대해 소추를 받지 않는다고 규정해 죄형법정주의와 소급효에 의한 형사처벌을 금지했다. 그러나 동시에 부

칙 제101조에서 1945년 8월 15일 이전의 악질적인 반민
족행위를 처벌하는 특별법은 제정할 수 있다고 규정함으
로써, 일제 식민지배에서 친일행위를 한 자들을 처벌할 수
있는 특별법 제정의 헌법적 근거를 마련했다.

　대한민국은 정부 수립 후 법률 제1호로 '정부조직법'을,
제2호로 '사면법'을 제정했고, 위 부칙 조항을 근거로 제
3호로 '반민족행위처벌법'을 공포하고, 반민족행위특별조
사위원회를 구성했다. 이 법률에서는 국권 피탈에 적극 협
력한 자는 사형 또는 무기징역, 일제로부터 작위를 받거나
제국의회 의원이 된 자, 독립운동가 및 그 가족을 살상 및
박해한 자는 최고 무기징역 최하 5년 이상의 징역, 직간접
으로 일제에 협력한 자는 10년 이하의 징역이나 재산 몰수
에 처하도록 규정했다.

　소급입법이란 이미 완성된 사실관계나 법률관계에 적
용되는 법률을 제정하는 것이다. 이는 법적 안정성을 해치
고 개인의 자유와 평등을 침해할 위험이 있으므로 엄격하
게 제한되어야 하고, 예외적으로만 허용되어야 한다. 따라
서 건국헌법이 본문에서 소급입법을 금지하면서도 예외적
으로 부칙에서 소급입법을 허용하도록 한 규정은 규범적

으로 조화롭게 해석할 필요가 있다.

'반민족행위처벌법'은 소급입법에 의한 형사처벌을 인정한 것이므로 정상적인 국가 운영에서는 인정되기 어렵다. 하지만 새로운 국가를 건설하는 과정에서 일제의 식민지배의 체제 불법을 청산할 목적으로 제정되었고, 특별법으로서 부칙 제101조에 헌법적 근거를 가지고 있으므로 위헌은 아니라고 할 수 있다. 그러나 건국헌법이 과거 청산을 위해 소급입법을 허용했음에도 일제의 식민지배는 제대로 청산되지 못했고, 그 이후 국가의 사회 통합을 저해하는 요인으로 작용했다.

우리 헌정사에는 정치적으로 불행했던 사건이 자주 발생했고, 그러한 상처를 제때 극복하지 못한 사례가 많았다. 이에 따라 최근에는 과거 청산을 위한 소급입법이 많이 제정되었는데, 법률의 공정한 적용이라는 관점에서 비판이 제기되기도 했다. 2004년에는 '동학농민혁명 참여자 등의 명예회복에 관한 특별법'이 제정되어, 과거의 어느 시점까지 소급해 역사를 평가해야 하는지에 대해서도 논란이 되었다. 소급입법은 과거의 불행했던 구조적이고 체제적인 상처를 극복하는 데 반드시 필요하지만, 국가 발전을 저해하는 장애가 되어서는 안 된다. 특히 특정한 정치적인 의도를 가지고 소급입법을 한 경우에는 그것 자체가 또 하나의 과거 청산의 대상이 될 수도 있다는 것을 유의해야 한다.

분단 직후에도 통일국가를 염원하다

한반도가 분단된 상태에서 건국되었음에도, 건국헌법에서는 대한민국을 분단국가로 인정하지 않았다. 건국헌법은 분단국가의 임시헌법을 전제로 한 것이 아니라 통일국가의 완성헌법으로 제정되었다. 제헌국회를 구성할 때도 북한지역의 국회의원 100석에 대해서는 추후 선거를 통해 보충하면 된다고 인식하고 있었다. 이에 따라 건국헌법 제4조에서는 "대한민국의 영토는 한반도와 그 부속도서로" 규정한 것이다. 북한지역을 포함한 한반도 전체에 대한민국의 통치권이 미친다고 선언한 것이다.

한편, 북한도 1948년 9월 2일 제정된 헌법 제103조에서 "조선민주주의인민공화국의 수부首府는 서울시다"라고 규정해 남한지역을 포함한 한반도 전체에 북한헌법이 적용된다는 것을 전제로 하고 있었다. 남북한은 머지않아 곧 통일국가가 달성될 수 있다고 기대했던 것이다. 하지만 분단은 6·25전쟁을 겪으면서 장기화되었고, 남북한은 1972년 헌법을 개정해 분단 상황을 인정하고 통일에 대한 사항을 헌법에 규정하기에 이르렀다. 북한은 1972년 "조선민주주의공화국의 수도는 평양이다"라고 헌법을 개정했다.

건국헌법의 이러한 태도는 제2차 세계대전 이후 분단되었던 서독의 경우와 대비된다. 즉 독일이 분단된 이후 서독은 1949년 헌법을 제정하고도 그 명칭을 '헌법Verfassung'이 아니라 '기본법Grundrecht'이라고 선언했고, 적용 지역을 동독을 포함한 독일 전체가 아닌 서독지역으로만 한정했다. 그리고 동서독의 통일을 대비해 통일을 달성할 수 있는 절차에 대해서도 처음부터 규정했다.

반면, 건국헌법은 형식적으로는 남북한 전체에 적용되는 헌법이었지만, 실질적으로는 헌법을 제정하는 과정에서 북한주민의 주권적 의사가 실질적으로 반영되지 못했다는 점에서 민주적 정당성이 취약하다는 한계가 있었다. 이 부분은 앞으로 통일국가의 헌법을 마련할 때 반드시 유념해 보완해야 할 점이다.

그러나 건국헌법은 규범적인 측면에서는 국내법적으로나 국제법적으로 모순이 없다고 평가할 수 있다. 국내법적으로는 헌법에 따라 북한지역과 북한주민에게도 대한민국의 헌법이 적용된다. 북한지역과 북한주민에 대해서는 현실적으로 헌법이 적용되지 못하고 있는 것뿐이다. 국제법적으로도 1948년 12월 제3차 유엔총회에서 48대 6의 압도적인 다수가 대한민국 정부만이 '한반도에 존재하는 유일한 합법정부'임을 승인했다.

당시 유엔총회는 대한민국 정부를 승인하면서, 유엔한국임시위원단이 선거를 감시하고 자문할 수 있었으며 모든 한국인의 압도적 다수가 살고 있는 한국의 그 부분에 대해 효과적인 통제권과 관할권을 갖는 합법적 정부(대한민국 정부)가 수립되었다는 것을 확인했다. 또한 이 정부가 한국의 그 부분에 거주하는 유권자들의 자유의사에 유효한 표현인 선거에 기초하고 있다는 것과 그 정부는 한국에서 유일한 그러한 정부라는 것을 선언했다.

대한민국 최고권력은 국민이다

나라와 시대마다 다른 주권론

주권의 본질은 대내적으로는 최고의 권력이며, 대외적으로는 독립적 권력이라는 데 있다. 또한 헌법은 국가의 최고법으로서 그 국가를 다른 나라와 구별 짓는 규범적 기준이기도 하다. 주권은 정치 현실에서 헌법을 제정하는 권력으로서 국가의 중요한 정치적 의사를 확정하지만, 일단 헌법이 만들어지면 헌법에 의해 조직된 국가권력으로 변용된다. 이러한 과정을 거치면서 주권은 정치적이고 역사적 개념에서 법적 개념으로 전환된다. 이러한 국민주권의 시작은 국민이 헌법을 제정했다는 것에 있다. 법이론적으로는 주권이 헌법을 만드는 것으로 이해되지만, 역사적 현실에서는 헌법이 주권을 구체화시킨다.

역사적으로 주권은 국가권력을 누가 가질 것이며 그 근거가 무엇인지에 대한 논쟁을 거치면서 발전했다. 인류가 국가를 구성한 이후 왕, 귀족, 부르주아, 노동자와 농민은 단독 또는 연합해 정치권력의 주체가 되었다. 주권은 본래 신학적 개념으로 교황의 절대권력의 근거로 인식되었다. 하지만 15세기 이후 유럽에서 르네상스와 종교개혁을 거치면서 교황의 절대권력에 의문이 제기되고, 왕을 정점으로 하는 절대왕정을 구축하는 과정에서 국가권력의 정당성과 합법성을 뒷받침하는 도구 개념으로 변용되었다.

주권을 법적 개념으로 정립한 것은 16세기 프랑스의 사상가 장 보댕Jean Bodin이었다. 보댕은 군주의 절대권력의 근거를 설명하기 위한 도구로서, 주권을 법적 개념화해 활용했다. 프랑스 왕은 대내적으로는 봉건 제후에 대한 우위를 가지고, 대외적으로는 신성로마제국과 교황청에 대한 독립성을 가진다는 것을 주장하기 위해 주권을 법적 개념으로 체계화한다. 즉 주권자인 왕은 신정국가의 신을 대신한다는 왕권신수설을 기초로 왕이 절대권력인 주권을 가진다는 절대군주론을 지지한 것이다. 이후 주권은 최고의 독립적 권력으로서 절대적이고 불가분적이며 불가양적이라는 특징이 강화되었다.

이러한 주권이론은 나라마다 역사적 경험을 달리하면서 다양하게 전개되었다. 영국에서는 의회가 왕으로부터 권력을 쟁취하는 과정에서 의회가 주권자라는 의회주권론이 제기되었고, 이는 의회가 제정한 법이 최고의 주권적 의사를 표현한 것이라는 법주권론으로 발전했다. 독일에서는 왕, 귀족, 시민단체의 타협으로 만들어진 독립적 법인격을 가진 국가가 주권자라는 국가주권론이 제시되기도 했다. 그리고 미국의 독립혁명과 프랑스혁명을 거치면서 국민주권론이 체계화되었으며, 대중민주주의가 발달하면서 현대국가에서는 국민주권으로 수렴되었다.

근대국가를 형성하는 과정에서 주권의 근거에 혁명적 관점을 제시한 사람은, 앞서 말한 홉스였다. 홉스는 절대군주론을 주장했지만, 국가권력의 정당성을 신이나 왕이 아니라 국민의 사회계약에서 찾은 혁명적 전환을 이룬다. 로크는 홉스를 계승해 국가권력은 주권자인 개인으로부터 비롯되었다고 했지만, 홉스와 달리 자유주의에 기초해 제한군주론을 주장했다. 국가란 개인의 자유와 권리를 보장하는 것을 목적으로 하므로, 국가권력이 본래의 목적을 위반한 경우에는 주권자가 저항권을 행사해 주권을 회수할 수 있다고 한 것이다.

국민주권의 핵심은 국가의 주권을 상정하고 국민이 바로 주권자라는 데 있다. 이때 국민이라는 용어는 시민citizen, 민족nation, 인민people의 의미로 사용되기도 하는데, 그 구체적인 내용은 그 용어를 사용하는 상황이나 맥락에 따라 다양하게 이해될 수 있다. 일반적으로 주권자로서의 국민은 국가를 구성하는 사람들 전체를 의미하기도, 구체적인 개인을 말하기도 한다. 국민이 대통령과 국회의원을 선출하는 경우에는 능동적 시민으로서 선거권자를 의미한다. 또한 참정권을 비롯한 기본권의 주체로 이해할 경우에는 개인을 의미하며, 헌법적 가치 개념으로 이해할 경우에는 현실에서 행동하는 실체적 개인이 아니라 세대를 전승하는 추상적이고 이념적인 국민을 포괄하기도 한다.

그렇다면 국민주권이란 헌법적 이념에 불과한 것일까, 아니면 현실적으로 적용되는 실체적 개념일까? 먼저, 국민주권은 국가의사를 최종적으로 정당화하는 원리로서의 법적 이념일 뿐이라는 견해가 있다. 사실 국민주권은 물론 국민이나 주권 또한 추상적인 용어로서 그 실체를 명확하게 알기는 어렵다. 그러나 대부분의 법적 용어도 마찬가지다. 채권자와 채무자, 피의자와 피해자, 권리와 의무 등 법적 개념은 일반적이고 추상적일 수밖에 없다.

국민주권이라는 용어가 추상적이라는 이유로 법적 실체를 인정하지 않으면, 헌법적 가치에 대한 규범력이 약화되기 쉽다. 국가권력을 사후적으로 정당화시키는 논거만으로 작용시키거나 국가가 지향해야 할 이념으로만 인정하면 현실에서 일어나는 국가권력에 대한 근거나 통제장치로서의 역할을 하기 어렵다. 따라서 국민주권의 법적 실체를 부인할 것이 아니라 어떻게 구체적으로 실현할 것인지를 고민하는 것이 더욱 중요하다. 국민주권에 대한 구체적인 조건, 내용, 절차와 한계 등은 국민주권에 관한 헌법 해석을 통해 확정할 수 있을 것이다.

국민주권은 주권자인 국민이 현실적으로 국가의사의 최고 결정권을 가진다는 원리라고 할 수 있다. 따라서 국가의 정치적 의사는 국민적 합의에 기초해 결정되어야 한다. 국민주권은 헌법의 이념적 기초로서 국가의사결정의 정당화 원리일 뿐만 아니라 법적 개념으로서 실체를 인정할 수 있다. 그렇지만 현실 세계에서 국민은 주권자로 드러나기보다 국가권력에 의해 지배를 받는 대상으로 더 잘 드러난다. 국민은 주권자로서 국가권력의 원천이지만, 국가는 국민을 권력 행사의 대상으로 삼을 수도 있다. 국민은 주권의 주체이지만, 객체가 될 수도 있는 이중적 위치에 있는 것이다. 헌법은 이를 고려해 개인의 기본권을 보장한다.

국민주권의 국가적 의미와 개인적 의미

국민이 주권자라는 것은 국가적 차원과 개인적 차원에서 서로 다른 의미를 갖는다. 국가적 차원에서는 국가가 외국에 대해 정치적으로 자주적 독립국가임을 주장하는 국가주권으로 기능한다. 주권은 국가를 전제로 하고, 국민은 국가의 인적 요소이므로 국민주권은 대외적으로 다른 국가와의 구별 요소가 된다. 대내적으로는 헌법의 이념적 기초로서 국가권력에 정당성을 부여하고, 이를 통제하는 제도적 장치로 기능한다. 국가권력은 주권자인 국민이 부여한 것이므로 그 폭력성에도 불구하고 정당한 것으로 수용될 수 있고, 이는 곧 국가권력을 행사하는 절차와 한계를 설정하는 근거가 되기도 한다.

국민주권은 개인의 자유와 권리를 보장하는 이념적 근거가 된다. 국민이 주권자이므로 국가는 국민을 위해 존재하는 것이고, 개인의 자유와 권리는 국가권력으로부터 보호를 받아야 한다. 헌법이 국민의 기본권을 보장하고 국가권력이 이를 침해한 경우에 위헌으로 선언하는 것도 국민주권에 기초한 것이다. 국민주권이 권력 남용을 방지하고 통제하는 기능을 하는 것도 개인의 자유와 권리를 보장하기 위한 것이다.

그러나 국민주권이라는 헌법적 가치에도 일정한 한계가 있다. 국민이 주권자라는 것만으로 국가권력의 행사가 정당화될 수 있을까? 국민 역시 사람들의 집단이므로 인간의 본성에 비추어 전적으로 신뢰할 수 없으며, 국가의사를 결정하는 과정에서 오류를 범할 가능성이 있다. 국민의 의사결정이 국가공동체를 붕괴시키고 개인의 자유를 말살할 수도 있는 것이다. 따라서 국민이 주권자라고 하더라도 국가의 모든 의사를 국민이 결정하는 것은 가능하지도 않고 바람직하지도 않다.

국가를 운영한다는 것은 고도의 전문적 식견이 필요하고, 복잡하고 어려운 국정은 효율적으로 운영될 필요가 있다. 이러한 상황에서 모든 국가 현안에 대해 국민 전체의 의사를 확인하는 것은 국정 운영에 장애가 될 수 있다. 국민주권이 실체를 가진 법적 개념이지만 추상적이고 관념적인 특성을 가진 만큼 국민의 의사를 구체적으로 확인하기란 매우 어렵다. 결국 국민의 정치적 의사는 추정될 수밖에 없고, 정치적 의사를 확인하기 위해 어떤 제도적 장치를 마련하는지에 따라 구체적인 내용은 달리 확정된다.

그러므로 국민이 주권자로 존재하고 행동하기 위해서는 국민의 정치적 의사가 구체적으로 인식되어야 한다. 이를 위해 마련된 장치가 대의제로, 국민의 대표자가 법률을 제정하거나 국민이 직접 국민투표에 참여함으로써 국민의 정치적 의사를 확정한다.

또한 국민의 정치적 의사는 소수의 정치세력이나 여론에 의해 왜곡될 위험이 있다. 인류는 19세기와 20세기를 거치면서 국민주권을 표방하면서도 제국주의를 통해 개인의 자유와 권리를 억압하고, 전체주의를 통해 인간의 존엄과 가치를 말살한 역사적 경험을 갖고 있다. 이들은 신이나 왕의 이름으로 자행된 억압과 폭행보다 더욱 잔인한 국가폭력을 국민의 이름으로 행사했다. 이때 많은 국민들은 피해자가 아니라 주권자로서 폭력의 공모자였다.

국민주권은 법이론과 같이 국민이 주권자로서 의식을 갖춘 상태에서 국가를 형성하고 국가의사를 결정한 것이 아니다. 권력투쟁의 과정에서 국가권력의 정당성과 합법성의 근거로 신이나 왕 대신 국민을 제시하면서 사후적으로 재구성되었을 뿐이다. 이러한 역사적 경험과 현실을 고려할 때, 국민주권이 선험적으로 당연한 것이거나 영구적이지 않을 수 있다는 가능성을 항상 유념해야 한다.

따라서 국민주권에는 국가권력의 정당성에 대한 근거와 국가권력에 대한 통제장치뿐만 아니라 주권자인 개인의 책임성도 포함된다는 것을 명심해야 한다. 국가가 국민주권의 이름으로 불법적인 폭력을 자행한 것에 대해서는 주권자인 국민도 책임이 크다. 인류가 국민주권의 이름으로 국가 폭력을 경험할 때 다수의 국민은 가해자로 가담하면서도 아무런 책임을 부담하지 않았다. 국민이 집단적으로 폭력을 행사할 때 그에 가담한 개인들은 죄의식에서 둔감해질 수 있다. 모든 개인은 국가가 권력을 남용해 소수를 억압하는 것을 방임하지 않도록 정치적 책임감을 가져야 한다.

"모든 권력은 국민으로부터 나온다"

국민주권이란 국가에 관한 최고 결정권이 국민에게 있다는 것이다. 헌법은 전문에서 주권자인 국민이 헌법을 제정하고 개정했다고 밝히고 있다. 또한 제1조 제1항에서 대한민국의 정체성을 민주공화국으로 천명하고, 제2항에서는 모든 권력은 주권을 가진 국민으로부터 나온다는 국민주권을 명확히 선언하고 있다. 이때 국가권력은 구체적으로 입법권, 행정권, 사법권의 형태로 각각 국회, 정부, 법원과 헌법재판소로 분배된다. 즉 국민주권을 통해 모든 국가권력의 행사에 대한 민주적 정당성을 부여하고 있는 것이다.

그렇다면 국민은 어떤 방식으로 주권을 행사할까? 국민주권이란 모든 국가권력이 주권자인 국민의 의사에 따라 행사되어야 한다는 것일 뿐, 반드시 국민 전체가 직접 국가기관으로서 통치권을 행사해야 한다는 것은 아니다. 국민이 주권을 행사하는 방식은 간접민주제와 직접민주제, 두 가지가 있다.

우리 헌정사에서는 1972년 개정헌법 제1조 제2항을 통해 "대한민국의 주권은 국민에게 있고, 국민은 그 대표자나 국민투표에 의하여 주권을 행사한다"라고 주권 행사의 방식을 직접적으로 제시한 적이 있었다. 현행헌법은 직접 주권 행사의 방식을 규정하지는 않지만, 원칙적으로 대의제를 채택하고, 예외적으로만 직접민주제를 허용하는 것으로 해석된다.

헌법은 제24조와 제25조에서 선거권과 공무담임권을 기본권으로 인정하고, 제41조와 제67조에서는 국회의원과 대통령의 선거에 대해 규정하고 있다. 또한 제46조 제2항에서는 국회의원이 국가이익을 우선해 양심에 따라 직무를 행하도록 규정해 국회의원이 유권자의 의사에 기속되어 일하는 것이 아니라 국민 전체의 대표자로서 국가이익을 우선해야 한다는 것을 명확히 하고 있다. 이때 국회의원의 양심은 개인의 주관적인 세계관이나 가치관에 따른 윤리적 양심을 의미하는 것이 아니라 국회의원이라는 객관적이고 직업적인 양심을 의미한다.

또한 헌법에서는 중요한 국가의사결정이라고 판단되는 두 가지 경우에는 국민투표를 통해 직접민주제를 인정한다. 제72조에 따라 외교·국방·통일 기타 국가안위에 관한 중요정책을 결정하거나, 제130조 제2항에 따라 헌법개정을 위해서는 반드시 국민투표를 거치도록 했다. 한편 지방자치단체의 차원에서는 주민발안제, 주민투표제, 주민소환제를 도입해 직접민주제를 채택하고 있다. 이는 지방자치법을 통해 법률적 차원에서 허용한 것으로 헌법적 차원에서 기본권으로 보장한 것은 아니다.

대의제는 국민이 간접적으로 주권을 행사하는 제도이며, 주권의 보유자와 주권의 행사기관을 분리한다. 국민이 직접 주권을 행사하는 대신 대통령이나 국회의원 등 대표자를 선출해 그들로 하여금 주권을 행사해 국가의사를 결정하도록 하는 것이다. 이때 주권자의 의사와 대표자의 의사가 다를 수 있는데, 대표자의 의사를 주권자의 의사보다 우선한다. 대의제는 주권자인 국민의 현실적 의사는 직접적으로 표현될 수 없고, 대표기관을 통해 간접적으로만 확인할 수 있다는 것을 전제로 한다.

이때 대표자는 국민의 대표기관으로서 구체적이고 현실적인 국민의사를 확인해 그대로 국정에 반영하는 것이 아니라 민주적 정당성을 바탕으로 독자적으로 국가의사를 결정한다. 이는 우매한 대중보다 현명한 엘리트가 국가의사를 결정하는 것이 바람직하다는 생각을 기초로 한다.

대의제는 대표자가 국가의 의사를 결정한 것에 대해 법

적 책임을 묻지 않는다. 대표자는 국민의 의사를 추정해 스스로 판단함으로써 국가의사를 결정할 수 있고, 설사 국민의 구체적이고 현실적 의사를 확인하고 그에 따르지 않더라도 책임을 물을 수 없다. 이를 자유위임의 법리 또는 명령적 위임의 배제라고 한다. 헌법 제46조 제2항에서 국회의원으로 하여금 국가이익을 우선해 직무를 수행하도록 규정한 것도 자유위임의 법리를 선언한 것으로 해석된다. 만약 대표자에게 법적 책임을 묻게 되면, 대표자가 자율적으로 책임감 있게 활동하기 어렵기 때문이다.

하지만 국민주권의 관점에서 대표자의 의사를 국민의 의사에 우선하는 것은 논리적으로 타당하지 않다. 이는 역사적으로 국민이 사회계약을 통해 국가를 구성한 것이 아니라, 의회가 권력을 장악하는 과정에서 국민주권을 이데올로기로 활용한 것과 밀접한 관련이 있다. 물론 대표자에게는 정치적 책임이 부과되지만, 정치적 책임이란 다음 선거에서 책임을 추궁해 낙선시키는 것을 의미할 뿐인 만큼 그 한계가 있다.

반면, 직접민주제는 국민이 직접 주권을 행사해 국가의사를 결정하는 제도다. 직접민주제는 민주주의의 본질에 충실하며, 국민의 현실적 의사를 전체 이익과 동일시하고 대표자의 추정적 의사보다 우선한다는 것을 전제로 한다. 하지만 직접민주제에는 일정한 한계가 있다. 우선, 국가 운영에 필요한 고도의 전문적인 지식이나 식견이 부족한 대중에게 국가의사를 결정하도록 하는 것은 위험할 수 있다. 국민이 잘못된 결정을 할 경우에는 국가공동체가 멸망할 수 있고, 이는 인류가 역사적으로 경험한 사실이기도 하다.

국민이 직접 국가의사를 결정하는 직접민주제는 고대 그리스와 같은 소규모의 폴리스polis에서는 가능했을지 몰라도, 현대국가에서처럼 시간적으로나 공간적으로 방대한 영역에서는 불가능하고 효율적이지도 않다. 이러한 상황에서 직접민주제를 채택하더라도 현실적으로는 국민의 다양한 의사를 모두 확인하거나 반영할 수는 없고 국가가 주도해 국민투표의 방식으로 특정 사안에 대한 가부만을 결정할 수 있을 뿐이다. 이러한 이유로 대부분의 국가는 대의제를 채택하고 있으며, 직접민주제는 부분적 또는 예외적으로만 채택하고 있다.

우리는 건국헌법에서부터 국민주권을 헌법적 이념으로 채택했다. 헌정사에서 오랫동안 국민주권이 명목에 불과하고 실질적으로는 국민이 국가의 주인으로 나서지 못한 적도 있었지만, 장기적으로는 꾸준히 국민주권을 발전시키고 있다고 평가할 수 있다. 그러나 한편에서는 여전히 국민주권이 실질화되지 못하고 있다는 비판도 있다. 대통령과 국회의원 등 대표기관이 주권자인 국민의사를 제대로 반영하지 못하고 있다는 것이다.

또한 직접민주제인 국정에 대한 국민투표는 역사적으로 단 한 차례도 실시된 적이 없다. 설사 국민투표를 실시하더라도 대통령이 그 결과에 따라야 할 법적 의무가 있는지도 명확하지 않다. 헌법개정을 위한 국민투표 역시 현행 헌법으로 개정된 이후 실시된 적이 없다. 현실적으로 주권자인 국민이 직접 정치적 의사를 결정할 수 있는 제도적 장치는 거의 없다고 할 수 있다.

위기의 대의제를 바꿔라

대의제가 성공적으로 운영되기 위해서는 무엇보다 주권을 실제로 행사하는 대표자가 잘 선출되어야 하며, 그 과정에서 주권자인 국민의 의사가 왜곡되지 않고 제대로 반영될 수 있어야 한다. 그리고 선출된 대표자는 자신이나 특정한 집단의 이익을 대변하는 것이 아니라 국민 전체의 이익을 위해 정치적 의사를 결정해야 한다. 대표기관은 국민과 소통하는 한편, 합의제를 운영하는 과정에서도 대화와 타협을 통해 국민의 정치적 의사를 도출할 수 있어야 한다.

하지만 국민은 물론 대표자 역시 사람이어서 전적으로 신뢰하기란 어렵다. 따라서 대표자가 투명하게 국민의 정치적 의사를 확정할 수 있도록 해야 하고, 이를 실천하는 내용을 상시적으로 감시하고 통제할 수 있어야 한다. 뿐만 아니라 대표자가 주권자인 국민에 대해 최종적으로 책임을 지도록 해야 한다. 대의제는 이러한 요건이 모두 갖추어져야 성공적으로 운영될 수 있다.

그렇다면 대한민국은 대의제를 충실하게 운영하고 있을까? 애석하게도 현재 대한민국의 대의제는 위기라고 평가받는다. 대의제가 갖추어야 할 핵심적인 요소가 모두 부실하다고 할 수 있다. 먼저, 대표자를 선출하는 선거제도가 공정하지 못해 국민의 의사가 비례적으로 반영되지 못하고, 선출되는 대표자도 국민으로부터 존경을 받지 못한 경우가 많은 것이 현실이다. 대표자는 특정한 정파적 이익집단으로 전락해 국민 전체의 이익을 위해 노력하지 않으며,

다양한 국민의 이해관계를 수렴하는 것이 아니라 갈등과 분열을 조장하고 이를 정치적으로 이용한다.

뿐만 아니라 대표자의 정치 행위를 감시하고 통제하는 제도적 장치도 부족해 불법과 탈법이 자행되기도 한다. 여기에는 대의제가 채택하는 자유위임의 법리 때문에 대표자에게 법적 책임을 묻지 못하는 데 결정적 원인이 있다. 대표자는 자신의 정치적 행위에 대해 국민에게 아무런 책임도 지지 않고 있는 것이다. 대한민국에서 국민주권이 실현되기 위해서는 대의제의 병폐를 줄이고, 이를 보완하는 것이 필요하다. 구체적으로 다음과 같은 제도적 보완장치를 마련할 수 있다.

첫째, 자유롭고 공정한 선거를 통해 국민의 주권적 의사가 비례적으로 대표될 수 있는 선거제도를 정착시켜야 한다. 다원적 민주주의를 구체적으로 실천하기 위해서는 정책 정당을 활성화하고 당내 민주주의를 실천할 수 있도록 정당제도를 개선해야 한다. 이를 통해서만 투명하고 공정하게 대표자를 선출할 수 있고, 주권자와 대표자의 동일성이 확보될 수 있다. 하지만 선거제도와 정당제도를 개선하는 작업은 대표기관이 스스로 수행해야 하는데, 기존의 정치세력이 자발적으로 자신들에게 불리하게끔 제도를 바꾸리라 기대하기는 매우 어렵다.

둘째, 대표자가 투명하게 정치활동을 하고, 이를 철저히 감시하고 통제하기 위해서는 권력분립의 원칙에 따라 국가권력을 배분함으로써 국가기관의 권한이 견제와 균형에 따라 행사되도록 해야 한다. 또한 국민이 다양한 방식으로 국정에 참여할 수 있도록 알 권리, 표현의 자유 등 정치적 기본권을 충분히 보장해야 해야 한다. 대표자의 국정활동은 상시적으로 투명하게 공개되어야 하고, 국민은 이에 대해 자유롭게 비판할 수 있어야 한다. 이를 위해 국가는 국민이 국정에 참여할 수 있는 다양한 통로를 마련하고 국민 개개인이 모두 주권자로 활동할 수 있도록 해야 한다. 특히 공무원이 특정한 정파적 이해에 휘둘리지 않도록 공무원의 정치적 중립성이 보장될 수 있는 직업공무원제도 또한 강화해야 한다.

셋째, 대표자가 자신의 국정활동에 대해 주권자인 국민에게 책임을 지도록 하는 제도적 안전장치를 마련해야 한다. 헌법재판의 활성화로 대표기관이 헌법을 위반한 경우에는 위헌법률심판, 탄핵심판, 헌법소원심판 등을 통해 헌법적 책임을 지울 수 있게 되었다. 하지만 대표자의 정치적 의사결정과 수행에 대해서는 여전히 법적 책임을 물을 수 없다. 다음 선거에서 낙선시키는 것만으로는 부족하다. 최근에 논의되고 있는 국회의원에 대한 국민소환제는 정치적 책임을 물을 수 있는 제도적 장치의 하나라고 할 수 있다.

넷째, 국민도 민주 시민의 정치적 의식을 고양하고, 적극적으로 정치에 참여하는 자세를 가짐으로써 주권자로서 책무를 감당해야 한다. 대의제를 원칙으로 하더라도 국민은 대표자를 선출하는 것만으로 그 책무를 다한 것이 아니다. 국민이 주권자로서 국가 운영에 대해 최종적으로 책임을 지는 것이므로 대표자를 선출하고, 그 활동을 감시하고, 그 결과에 대해 책임을 물을 수 있는 자격을 스스로 갖추어야 한다. 국가 역시 국민의 정치적 의사를 조직하고 수렴하고 확인하는 시스템을 만들어야 하고, 지방자치를 강화해 민주 시민을 양성해야 한다.

국가가 국민주권을 올바르게 실천할 것을 기대하기는 어렵다. 국가는 헌법원리인 국민주권을 침해하지 않을 의무가 있을 뿐이다. 주권자인 국민이 스스로 주권 행사에 대한 이니시어티브initiative를 갖지 못할 경우에는 자신이 주권자라는 이데올로기에 포획되어 국가권력에 자발적으로 복종하는 결과를 초래할 위험이 있다. 앞서 말했듯이, 현재 대한민국에서 국민이 직접 국정에 참여해 정치적 의사를 결정하는 제도적 장치는 국민투표뿐이며, 이마저도 사실상 사문화되어 실제로 작동하지 않고 있다.

이러한 상황에서 최근에는 국민이 직접 거리로 나와 국정에 참여해 정치적 의사를 표출하고 관철시키려는 시도가 많이 행해지고 있다. 이것은 대의제가 제 기능을 다하지 못해 발생한 현상으로 국민이 주권자로 직접 역할을 수행하는 것으로 이해할 수 있고, 국정에 국민의 의사를 반영함으로써 대의제를 보완하는 기능을 한다. 하지만 헌법에서는 언론·출판의 자유나 집회·결사의 자유의 범주를 넘어 국민이 주권을 직접 행사하는 것은 예정하지 않고 있다.

따라서 주권자인 국민이라도 모든 국정 현안에 대해 거리로 나와 정치적 의사를 결정하려 해서는 안 된다. 이러한 현상이 일상이 되는 것은 매우 위험할 뿐만 아니라 바람직하지도 않다. 정치세력이 이를 정파적 이익을 위해 악용할 위험이 있고, 이때는 사회의 분열과 갈등을 초래하고 사회통합을 저해하게 되어 국민적 에너지를 소모적인 악순환의 굴레에 빠트릴 우려가 있다. 하루빨리 대의제가 제 기능을 할 수 있도록 개선하는 것이 급선무다.

국가권력은 본질적으로 폭력적이다. 이러한 국가권력의 행사는 국민주권만으로 정당화되지 않는다. 국민주권은 헌법적 이념이지만, 유일한 헌법적 가치가 아니므로 다른 헌법적 가치와 조화롭게 실현되어야 한다. 즉 국민주권은 법치국가라는 형식, 개인의 자유와 권리의 보장이라는 내용, 그리고 민주주의라는 절차에 의해 보완될 때 비로소 정당화될 수 있다. 국민주권은 이때야 비로소 제대로 실현될 수 있다.

Q 묻고

A 답하기

대한민국에서 국민주권은 실현되고 있
는가?

졸렌의 관점에서 대한민국은 국민이 주권자인 나
라여야 한다. 하지만 자인의 관점에서 현재 대한
민국의 주인이 국민이라고 말하기는 어렵다. 누
가 대한민국을 움직이고 그 운명을 결정할까? 과
거와 비교한다면 국민주권이 꽃을 피우고 있다고
말할 수도 있지만, 헌법이 천명하는 국민주권을
실현하기 위해서는 아직 갈 길이 멀다.

국민주권은 추상적 이념인 만큼, 구체적 현실

에서 명확히 파악하기는 어렵다. 국민주권이 실현되기 위해서는 국민 개개인의 다양한 의사가 정치를 통해 수렴되고, 국가공동체의 주인으로서 통합되어야 한다.

지금 대한민국에서 국민주권은 지나치게 이데올로기로 작용되고 있다. 국민은 정치적 이념에 의해 극단적으로 나누어지고 소모적인 갈등과 대립이 격화되고 있다. 다양한 이해관계와 의사를 소통하고 수렴하는 정치적 기능은 제대로 작동하지 않고 있다. 정치인들은 서로 국민의 뜻을 외치지만, 정작 국민은 정치적 의사로부터 소외되고 있는 것이 현실이다.

현재 국민주권은 어디에 있을까? 아직은 잘 보이지 않는 것이 사실이지만 10년이나 20년 후에 돌아봤을 때, 국민주권이 부재한 오늘날의 현실이 더 나은 대한민국을 만들기 위한 성장통으로 기록되었으면 하는 바람이다. 물론 그렇게 만드는 몫은 오늘을 살아가는 우리에게 있다. 국민이 주인 되는 나라를 만들기 위해서는 개인, 국가, 헌법 간에 선순환의 구조가 자리 잡아야 한다. 그리고 이는 의식 개혁 이전에 제도 개혁을 통해 시작하는 것이 효과적이다.

헌법적 가치를 실천하는 제도 개혁을 통해 국민이 국가의 주인 노릇할 수 있는 장치를 마련해야 한다. 이러한 제도가 주권 의식을 고양하고, 더욱 좋은 제도를 만들어낸다. 대한민국이 여기까지 올 수 있었던 것 또한 그 시작점은 훌륭한 헌법을 제정한 것에 있었다. 올바른 헌법을 통해 건강한 국가로 거듭날 때, 개인은 존엄과 가치를 발하는 인간으로 거듭날 수 있다. 그 선순환의 출발점은 제도 개혁에 있다.

2부_____

법은

행복을

추구할
권리를

보장한다

법치국가

법치는 국가권력의 보호장치이자 통제장치다. '법에 의한 지배'와 함께 '법의 지배'를 통해 개인의 자유와 권리가 보호받고 국가공동체에 정의가 실현될 때, 국가권력은 비로소 정당화된다.

보호와 통제라는
양날의 검

법치의 양면적 의미

국가권력은 본질적으로 폭력적 속성을 가지지만 일정한 조건을 갖춘 경우에는 그 행사가 정당화된다. 법치法治는 국가권력의 정당화 조건 중 하나다. 법치란 사전적으로는 '법에 의한 지배rule by law'를 말한다. '사람에 의한 지배', 즉 인치人治가 아니라는 것이다. 인간은 오랫동안 왕이 지배하는 세계에서 살았지만, 왕도 인간이며 인간이란 본질적으로 믿을 수 없는 존재다. 인간은 누구나 스스로를 보존하고 확장하려는 욕망을 가지고 있기 때문이다. 법치에는 보호와 통제라는 두 가지 양면적인 가치가 함께 상존해 있으며, 이는 개인과 국가라는 두 주체의 관점에서 각각 살펴볼 수 있다.

먼저 개인의 입장에서 주권자인 국민에게 법이란 자신의 자유와 권리를 보호해주는 안전장치다. 개인은 사적 영역에서 자신의 자율적인 선택에 따라 타인과 관계하며, 그에 대해 스스로 책임을 진다. 사적 영역에서 사적 자치에 따른 자율적 질서가 유지될 수 없을 때 국가가 관여해 법적 수단을 통해 개인의 자유와 권리를 보호한다.

특히 개인이 국가와 관계를 맺을 때 법치는 국가권력으로부터 개인을 보호하는 수단이 된다. 개인은 강력한 권력을 지닌 국가에 의해 자유와 권리를 침해당할 가능성이 크다. 국가는 보이지 않는 관념적이고 추상적인 기관이지만, 국가권력을 최종적으로 행사하는 것은 결국 사람이다. 따라서 국가권력을 행사하는 사람 혹은 국가기관은 이를 남용하기 쉽고, 이에 따라 개인의 기본권이 침해될 위험이 커진다. 이러한 경우에 법은 국가권력의 행사를 통제함으로써 국가권력으로부터 개인의 자유와 권리를 보호한다.

다른 한편으로, 법은 개인의 자유를 제한하는 통제장치이기도 하다. 사회적 존재인 개인은 자신의 자유와 권리만 주장할 수 없다. 자신의 자유와 권리가 타인의 자유와 권리를 침해할 수 있으므로 국가공동체를 유지하기 위해서는 개인을 통제할 수밖에 없다. 이에 따라 국가는 법을 통해 합리적인 범위에서 개인을 통제하는 것이 정당화된다. 법을 제정한 것은 주권자인 국민이지만 현실에서 개인은 국가권력의 대상이자 객체이기도 한 것이다. 이와 같이 개인은 법으로부터 보호받는 것과 동시에 통제를 받기도 한다.

이는 국가의 입장에서도 마찬가지다. 국가는 법을 통해 자신의 권한을 행사하고 의무를 이행한다. 법에 의해 국가의 권한 행사와 의무 이행은 정당화되고, 법의 이름으로 국가는 권력을 효과적으로 행사한다. 법은 국가의 권한 행사를 보호하는 안전장치인 것이다. 이와 동시에 법은 국가에 대해 통제장치의 역할을 한다. 특히 헌법은 권력분립의 원칙에 따라 국가기관을 구분하고 그 권한 행사의 방법과 절차 등을 마련하고 있으므로 국가는 이를 위반해서는 안 된다.

이를 개인과 국가의 관계에서 다시 보면, 법이 국가를 보호할 때 개인은 통제를 당하며, 반대로 법이 국가를 통제할 때 개인은 보호를 받게 된다. 이처럼 법치란 양면으로 이루어진 칼과 같다. 하지만 법치의 핵심은 개인의 자유와 권리를 보호하고, 국가기관의 권력 행사를 통제하는 것에 있다. 법치가 국가권력의 행사를 효과적으로 수행하면서 개인을 통제하는 수단에 그쳐서는 안 된다.

헌법은 모든 인간이 존엄과 가치를 가지며, 자유롭고 평등하게 행복을 추구하는 국가를 만드는 것을 목적으로 한다. 이에 따라 인간이 자유와 권리를 안정적으로 보장받고 행복하게 살아가기 위해서는 사람의 지배가 아닌, 법의 지배가 필요하다는 개념이 역사 속에서 점차 확립되었다. 즉 헌법의 목적을 달성하기 위해서는 인치를 포기하고 법치로 나아가야 한다는 합의가 이루어진 것이다.

'인치'에서 '법치'로

법치가 처음부터 국가의 정치철학이었던 것은 아니었다. 법치는 국가 발전의 역사적 과정에서 최선의 통치 방식이라 여겨지지 않았으며 적극적으로 채택받지도 못했다. 인간에 대한 불신을 전제로 한 소극적인 차악의 선택이었다.

인류는 오랫동안 왕의 지배, 즉 인치 아래에 있었다. 사실 국가를 경영한다는 것은 매우 어려운 일이다. 한 국가의 지도자는 전쟁이나 세금 등 현안에 대한 해결 능력뿐 아니라 세계에 대한 넓은 관점과 인간에 대한 사랑, 사물을 꿰뚫어 보는 직관 등을 고루 갖추어야 한다. 이러한 측면에서

플라톤이 철인정치를 이상적인 국가 경영으로 보고 철학자가 국가를 다스려야 한다고 주장한 것은 이해할 만하다.

그런데 문제는 왕 또한 사람이라는 것이다. 사람은 결코 믿을 수 없는 존재다. 왕은 종족 보존과 확장의 욕망에 따라 왕위를 세습하게 되고, 이를 통해 이루어진 왕조는 결국 지혜롭지 못한 왕에 의해 파멸을 맞고 만다. 아무리 훌륭한 왕이라고 하더라도 그 아들 또한 훌륭하리라는 보장이 없기 때문이다. 이처럼 역사 속 왕 대부분은 권력을 위해 타인을 폭력적으로 지배했고, 이를 보존하고 확장하기 위해 대대로 왕의 자리를 물려주어 세습하도록 했다.

고대 중국에서 선양禪讓을 통해 왕을 정한 것이나 로마에서 왕정을 폐지하고 공화정을 채택한 것, 그리고 로마제국에서 황제가 양자養子를 통해 왕위를 계승하도록 한 것은 모두 세습을 통한 왕정이 위험하다는 것을 인식하고 국가를 보다 안정적으로 이끌어가기 위한 대안이었다. 개인의 삶이 왕에 의해 좌우되는 인치는 백성을 불안하게 만들 수밖에 없다. 개인은 폭력적 지배에 시달리거나 언제든지 폭력적으로 지배될 가능성에서 벗어날 수 없기 때문이다.

조선 시대에 재상 중심의 국가 시스템을 마련한 것도 인치의 위험성을 최소화하기 위한 것이었다. 태조 이성계와 함께 조선의 정치 시스템을 구축한 정도전이 이상적으로 생각한 나라는 재상 중심의 나라였다. 선대에 훌륭한 왕이 있었더라도 세습을 하다 보면 자격을 갖추지 못한 인물이 왕의 자리에 오를 위험이 발생한다. 이를 대비해 관료제도를 통해 훌륭한 재상을 선발하고 양성하고자 한 것이다. 즉 왕이 나라를 다스리지만, 실질적인 의사결정의 권한은 재상을 중심으로 한 관료들이 갖는 나라를 만들고자 했다.

이는 곧 법치와 일맥상통한다. 사람에 대한 불신에서부터 시작해, 전적으로 사람에 의해서만 지배받지 않는 정치 매뉴얼을 만든 것이다. 이에 따르면 왕이 바뀌어 무능한 왕이 즉위하더라도 훌륭한 재상이 있는 이상 최소한 멸망하는 것만은 피할 수 있게 된다. 조선은 유교 이념에 따라 왕도 정치를 이상으로 삼았지만, 현실적으로는 재상이 중심이 되어 국가를 경영하는 정치 시스템을 만든 것이다.

이와 같이 왕에게만 의존하지 않는 재상 중심의 정치 시스템은 500년이 넘는 기간 동안 왕조를 유지하도록 하는 원동력이었다. 조선이 선조 때의 임진왜란과 인조 때의 병자호란을 겪고도 멸망하지 않은 것은 조선이 전적으로 왕의 국가만이 아니었기 때문이었다. 하지만 이러한 시스템이 붕괴하는 순간 국가는 패망의 길로 접어들고 만다.

조선 후기의 영조와 정조는 국가를 사회경제적으로 꽃피우게 한 훌륭한 왕이었으나, 이들이 조선을 망하게 한 요인이라는 평가도 있다. 이들은 국가의 어려운 문제를 직접 처리하고 임금이 모든 정사를 보살핀다는 의미의 만기친람萬機親覽의 정치를 통해 국가 부흥을 이루었다. 잦은 순행과 신문고 등을 통해 직접 국민과 소통하기도 했다.

하지만 이는 법치의 기능을 약화시켰으며, 정조의 갑작스러운 죽음으로 국가 경영의 시스템이 붕괴해 결국 패망의 길로 접어들게 되었다는 것이다. 왕으로서 훌륭한 선정을 베풀었더라도 인치에 의해 나라를 다스리던 왕은 자리에서 물러나는 순간 나라를 혼란으로 이끌고 만다. 조선은 100여 년 동안 법치의 기능이 상실되었고 결국 역사 속으로 사라지고 만다.

아리스토텔레스는 삶의 목적은 행복이고, 행복은 공적 영역인 폴리스와 사적 영역인 오이코스oikos가 조화로울 때 가능하다고 했다. 이때 공적 영역인 폴리스는 정치, 사적 영역인 오이코스는 가정 및 경제 영역을 말한다. 공적 영

역의 정치적 폴리스는 이성에 의해 지배하는 폴리테이아
politeia, 즉 국가가 되어야 하며 이는 법에 의한 통치를 의미
한다. 루소 또한 국가는 인민의 일반의사에 의해 운영되어
야 하며, 일반의사는 법의 제정을 통해 드러난다고 했다.

인간 본성에서 찾는 법치의 목적

국가는 사회 구성원들이 가치와 이해관계에 대해 소통하
고, 형량과 조정을 통해 합의한 결과를 법의 형식으로 도출
한다. 이러한 의미에서 법의 본질은 서로 다른 생각과 생활
방식이 공존하는 기술이라고 할 수 있다.

국가는 정치권력이 작동하는 시스템이며, 국가권력은
최고법인 헌법에 의해 정당화되고 통제된다. 헌법은 모든
인간이 자유롭고 평등하게 행복을 추구하면서 살 수 있는
국가를 지향하며 이는 개인의 자유를 보장하고 사회적 정
의를 실현함으로써 건설될 수 있다. 그러나 국가공동체에
서 모든 개인이 자유를 완전하게 누리는 것은 불가능하다.
자신의 자유가 타인의 자유를 침해할 수 있기 때문이다.

국가는 이질적인 사람들의 집합체다. 국가를 구성하는
사람들이 서로 다른 생각과 이해관계를 갖는 것은 엄연한

현실이고 당연한 것이기도 하다. 개인은 인간이라는 점에서 공통적이지만, 누구나 타인과 다르다. 자인의 관점에서 사람은 결코 동일하지 않고, 동일할 수도 없으며, 동일해서도 안 된다. 이러한 의미에서 인간은 평등하지 않다.

그런데 정치권력을 서로 다른 인간에게 자율적으로 맡기게 되면 권력을 장악한 사람이 타인과 국가를 지배할 가능성이 크다. 국민이 주권자로 제대로 행세하기 위해서는 국가의사를 결정하는 데 평등하게 참여할 수 있어야 한다. 이와 같이 인간이 평등하다는 것은 졸렌의 관점에서 인간을 평등하게 취급해야 한다는 것을 의미한다. 그러나 이때의 평등은 특정한 측면에서 차별해서는 안 된다는 뜻이지, 모든 면에서 동일하게 취급해야 한다는 것은 아니다. 법은 국가공동체에서 다양한 가치관이나 세계관, 이해관계가 공정하게 조화를 이루도록 소통하고 조정하는 기능을 한다.

법의 목적은 개인의 자유를 보장하고 사회의 정의를 실현하는 데 있다. 이때 자유란 어떤 변화를 스스로부터 시작할 수 있는 능력이다. 자유로운 사람은 자신 이외의 외부적인 구속이나 간섭을 받지 않고, 하고 싶은 일을 스스로 할 수 있어야 한다. 사람은 존엄과 가치를 통해 자유로울 때만 행복할 수 있고, 자유는 그 행복을 증진시킨다.

한편 정의란 국가의 재화나 용역 등 가치를 공정하게 분배하는 것을 말한다. 세계 질서 내에서 모든 사물에 그에 걸맞은 올바른 자리를 배정하는 능력을 정의라고 한다. 사회적 존재인 인간들이 자유로운 존재로 공존할 수 있는 상태이며, 이때 정의의 핵심은 공정성이다. 즉 국가공동체의 가치 분배에서 자의적인 불평등이 없는 상태를 말한다.

이때 무엇이 공정한 것인가는 가치관에 따라 다르게 판단된다. 국가의 가치를 형식적으로 똑같이 나누어 갖는 것이 공정한 것은 아니다. 일반적으로 공정한 가치 분배란 자신이 기여한 만큼 가져가는 것을 의미한다. 이는 자본주의의 핵심이며 사회주의에서도 동일하다. 하지만 사회주의는 자본과 관련해 '기여한 만큼'에 대한 해석을 자본주의와 달리 이해한다. 일반적으로 경제적 가치를 산출하는 생산요소로 토지, 자본, 노동을 드는데, 그중 자본에 대해 자본주의와 사회주의는 다른 평가를 내린다.

자본주의에서는 자본을 통해 얻은 수익을 개인이 경제활동에 기여한 만큼의 결과로 본다. 하지만 사회주의에서는 노동을 경제적 가치를 생산하는 근원으로 보고, 자본을 통해 얻은 수익은 불로소득으로 취급한다. 자본주의에서는 자본의 기여에 따라 분배하는 것을 정의라고 하지만, 사회주의에서는 자본의 착취라고 한다. 사회주의에서는 경제적 가치에 기여한 만큼이란 노동한 만큼을 의미하며, 노동의 양과 질에 따라 분배하는 것을 정의라고 한다.

한편 사회주의가 더 발전된 형태인 공산주의에서는 경제적 가치에 '기여한 만큼'이 아닌, '필요한 만큼' 가져가는 것을 정의라고 한다. 즉 '능력에 따라 일하고 필요에 따라 배분한다'는 것이다. 자본주의와 사회주의가 '능력에 따라 일하고 기여한 만큼 가져간다'는 점에서는 일맥상통하지만 '기여한 만큼'에 대한 계산법에서 차이를 지니는 것과 다르게 공산주의는 처음부터 분배의 기준을 달리한다. 그러나 서로 다른 능력에 따라 일하고, 분배는 필요에 따라 주어진다는 것은 현실 세계에서 결코 지속 가능하지 않다. 인간 본성과 충돌되기 때문이다.

법치는 국가를 전제로 하며, 법은 도덕이나 윤리와 달리 국가권력과 관계한다. 즉 법치는 자의적이고 폭력적인 지배를 배제하고, 국민의사에 따라 제정된 법에 의해 이성적 지배를 요구하는 통치 원리다. 국가는 법을 통해 자신의 권력을 행사하고, 법은 국가기관에 권력을 부여하고, 그 행사를 정당화시킨다. 법은 국가권력을 행사하는 수단이지만, 동시에 국가권력은 법의 목적을 실현하는 수단이기도 하다. 국가권력은 법의 목적에 부합하고 이를 실현하기 위해 행사되어야 하기 때문이다. 이와 같이 법과 국가권력은 서로에게 목적이자 수단으로 존재하면서 상관관계를 맺고 있다.

권력이란 자신의 의지를 타자의 의사에 반하면서 관철시킬 수 있는 힘이기에, 본질적으로 폭력적이다. 현대사회에서 가장 강력한 권력체인 국가권력은 사람에 의한 지배든지 법에 의한 지배든지 폭력적인 속성을 가진다. 이때 법이 국가권력의 폭력성을 통제하면서도, 국가권력을 효율적으로 행사하기 위한 수단으로 기능한다. 따라서 국가권력이 법에 따라 행사되는 경우에도 정당성이 인정될 뿐이지, 폭력적인 속성이 사라지는 것은 아니다. 법 역시 폭력적인 속성을 가질 수밖에 없다. 법과 충돌되거나 모순되는 경우에는 법적 의지가 우선적으로 적용되기 때문이다.

그렇다면 본질적으로 폭력적인 법은 어떻게 정당화될 수 있을까? 폭력에도 선한 폭력이 있고, 악한 폭력이 있으므로 법의 폭력은 선한 폭력이라고 말할 수 있을까? 선한 폭력이란 그 자체가 형용 모순은 아닐까? 폭력적인 성격을 가진 법이 정당화되는 근거 역시 국가권력과 마찬가지로 세 가지 측면에서 찾을 수 있다. 첫째, 절차적 측면에서 주권자인 국민이 법의 제정에 대해 동의했다. 둘째, 내용적 측면에서 법이 개인의 자유를 보장하고 국가공동체의 안전과 평화를 유지한다. 셋째, 통제적 측면에서 법의 실효성을 확보하고 법의 제정, 집행, 해석 및 적용에 책임을 지울 수 있다. 법치의 한계는 바로 여기에서 설정된다.

법에 의한 지배와 법의 지배

법치는 영국에서 의회가 중심이 되어 절대왕정을 극복하는 과정에서 형성되었다. 의회가 재정권과 입법권을 확보하면서 왕이라도 법에 복종해야 한다는 원칙이 확립된 것이다. 그 이후 의회가 행정권과 사법권도 가져오면서 왕이 아닌 의회가 실질적인 권력을 가지게 되었다. 의회는 절대왕정을 극복하는 과정에서 의회가 원래부터 가지고 있던 특권을 자연법적 권리라고 주장했다. 또한 관습적으로 인정되어온 자유와 권리를 왕으로부터 보호하기 위해 보통

법이 절대주권 우위에 있으며, 법 앞에는 모든 사람이 평등하다는 것을 확인했다. 그 배경에는 의회가 사회계약에 따라 선출된 국민의 대표이며, 입법권을 가짐으로써 국민주권을 실현한다는 논리가 깔려 있었다.

미국은 불문헌법의 영국과 달리 성문헌법을 채택했다. 영국의 경우 의회가 제정한 법률이 곧 최고의 법이기에 헌법을 따로 두지 않았지만, 미국은 연방국가인 만큼 국가 전체를 아우르는 헌법을 제정한 것이다. 그리고 성문헌법 제정 후 규범력을 확보하기 위해 법률에 대한 사법심사인 위헌법률심판을 확립했다. 국민의 대표기관인 의회가 제정한 법률이라도 연방 대법원이 헌법의 위반 여부를 심판할 수 있도록 함으로써 법의 지배를 실질화한 것이다.

영미법에서 법의 지배rule of law란 주로 자연법의 원리로 적법절차의 원칙을 의미한다. 이는 누구도 자신의 사건에 대해 심판자가 될 수 없고, 공정한 제3자에 의해 재판을 받아야 한다는 것이다. 이때 심판의 당사자는 서로 무기가 평등해야 하며, 불이익한 처분을 받는 경우 그 내용을 고지받고 변명할 할 수 있는 청문의 기회 또한 보장받는다.

한편 독일과 프랑스와 같은 대륙법 국가에서는 자연법

보다 실정법적 차원에서 법치가 확립되었다. 대륙법 국가에서는 전통적으로 법률이 국가권력에 우월하므로 국가작용은 법률에 따라야 한다는 것이 핵심이다. 하지만 법률에 대한 사법심사인 위헌법률심판이 도입되면서 영미법 국가의 적법절차의 원리를 수용하고 있다.

　법치는 본질적 기능을 파악하는 관점에 따라 다르게 이해된다. 법치를 국가에 권한을 부여하고 정치권력을 실현하는 기능으로 이해할 때는 '법에 의한 지배'가 된다. 이때는 국가권력을 정당화하고 효율적으로 행사하는 수단이라는 측면이 강조된다. 이를 형식적 법치라고도 한다. 그러나 이 경우 국가권력이 법에 의해 행사된다는 형식적 요건만 갖추면 정당하다고 인식될 위험이 있다. 법치가 국가권력을 통제하는 것이 아니라 국가 폭력을 정당화하는 도구가 될 수 있는 것이다. 이미 우리는 형식적 법치만으로는 법의 목적을 제대로 달성할 수 없다는 것을 경험했다. 제2차 세계대전을 일으킨 나치는 당시 바이마르 헌법에서 허용하는 적법한 절차와 선거를 통해 권력을 획득했으며, 의회에서 제정된 법에 따라 권력을 행사했다. 하지만 그것은 인류에 끔찍한 재앙을 초래했다. 법치의 이름으로 법치를 파괴

하고, 민주주의의 형식으로 민주주의를 말살한 것이었다. 이에 따라 법치와 법에 의한 지배에 대해 새로운 패러다임의 전환이 요구되었다.

법의 지배란 국가권력은 반드시 법에 의해 행사되어야 한다는 의미다. 이때 법치는 국가권력을 규율하는 통제장치의 역할을 한다. 국가권력을 행사하는 방법과 절차를 규율할 뿐만 아니라 그 내용과 결과가 법적 이념에 부합해야 국가권력의 행사가 정당화된다는 것이 핵심이다. 이를 실질적 법치라고도 한다.

현대국가에서 법치는 국가권력의 보호장치rule by law인 동시에, 국가권력에 대한 통제장치rule of law다. 이들은 평면적으로 구별되거나 어느 일방이 우월한 것이 아니라 관점의 차이에서 오는 법치의 특징이다. 이와 같이 법치는 본래 법에 의한 지배를 의미했지만, 제2차 세계대전 이후 역사적인 경험을 통해 법의 지배로 발전했다고 볼 수 있다. 현대국가에서 법치는 국가권력의 법률 적합성에서 법률의 헌법 적합성으로, 형식적 법치에서 실질적 법치로, 가치중립성에서 가치지향성으로 변화했다고 평가된다.

법치는 어떻게
정당화되는가

법치에는 절차적 정당성이 필요하다

법은 누가 제정해야 할까? 법은 주권자인 국민의 대표기관에 의해 제정되어야 한다. 이를 통해서만 국가권력 행사에 대한 민주적 정당성이 확보되기 때문이다. 현대 민주국가는 국민주권에 기초하고 있으며, 이는 국가공동체에 관한 최고 결정권이 국민에게 있다는 것이다. 국민주권은 국가공동체의 의사를 결정하는 최고권력이다. 법은 주권자인 국민이 제정함으로써 그 절차적 정당성을 갖는다.

그러나 국민주권이란 모든 국가권력이 국민의사에 기초해야 한다는 의미일 뿐, 반드시 국민 전체가 직접 국가기관으로서 통치권을 행사하는 것을 요구하지는 않는다. 헌법은 대의제를 직접적으로 규정하지는 않지만, 여러 조항을 조화적으로 해석해보면 원칙적으로 대의제를 채택하고 있는 것으로 해석할 수 있다. 헌법은 국민의 대표기관인 국회에 법률을 제정할 권한을 부여하고 있으며, 법치는 이러한 절차를 통해 민주적 정당성을 획득한다.

국가는 반드시 법적 원리에 따라 법을 지정해야 하며, 이때 법은 국가권력보다 우월하다. 모든 국가기관은 법에 근거해서만 권력을 행사해야 한다. 즉 법은 국가권력의 권원이고, 국가권력은 법에 의해서만 정당화된다. 따라서 법치가 제대로 실현되기 위해서는 우선 법이 잘 만들어져야 한다. 그리고 이러한 법은 제대로 집행되어야 하고 올바르게 해석 및 적용되어야 한다.

국회는 국민의 대표기관으로서 어떤 내용을 법률로 규정할 것인지에 대해 광범위한 재량을 갖는다. 헌법은 일정한 사항에 대해서는 국회에 입법권을 부여하는 규정을 두고 있지만, 국회는 헌법에서 직접 규정하는 사항에 대해서만 입법권을 갖는 것이 아니다. 헌법에서 금지하지 않는 한 어떤 내용에 대해서도 법률로 제정할 수 있다. 이를 국회의 입법형성권이라고 한다. 그러나 국회가 제정한 법률이 규범력을 가지기 위해서는 국가공동체의 현실적 조건을 적절하게 반영하는 것이 중요하다.

즉 법과 현실 사이의 괴리가 크지 않아야 한다. 법이 지나치게 이상적인 내용을 규정하면 법을 제대로 지킬 수가 없으며, 법이 진화된 현실을 따라가지 못하면 더 이상 규범으로 기능하지 못한다. 결국 현실과 괴리가 큰 법은 죽은 법이 된다. 법과 현실은 끊임없이 상관관계를 맺으면서 변화한다. 법은 현실을 규율하지만, 현실 세계는 과학기술의 발달, 인간 의식의 변화 등으로 빠르게 변화한다. 현실의 변화에 뒤떨어지는 법은 경시되고, 현실보다 앞서가는 법은 현실을 규율하지 못해 모두 규범력을 상실하고 만다. 법과 현실은 서로 영향을 주고받을 수밖에 없다.

따라서 법은 현실과 긴장 관계를 적절히 유지하며 현실을 규율함으로써, 자인의 세계를 졸렌의 세계로 이끌어갈 수 있어야 한다. 현실을 최대한 반영하면서도 이상적인 사회로 이끌어가는 법이야말로 좋은 법이라고 할 수 있다. 국회는 이러한 역사적 현실을 고려해 구체적인 조건에 적합한 법률을 제정할 수 있는 권한을 가진다.

이때 국회는 국가공동체의 기본적이고 본질적인 사항의

경우 반드시 법률로 제정해야 한다. 법률은 국가권력을 통제하는 것이므로 국가기관의 권한의 존부, 그 내용과 범위는 국회가 우선적으로 결정해야 한다. 특히 개인의 자유와 권리를 제한하거나 의무를 부과하는 사항에 대해서는 반드시 법률이 그 요건과 절차를 규정해야 한다. 이를 법률의 유보라고 한다. 이러한 사항은 국회가 법률로 제정해야 하며, 정부의 행정명령이나 법원의 재판으로 결정해서는 안 된다.

헌법재판소도 법률유보원칙은 단순히 행정작용이 법률에 근거를 두기만 하면 충분한 것이 아니라 국가공동체와 구성원에게 기본적이고도 중요한 의미를 갖는 사항이나 헌법상 보장된 국민의 자유나 권리를 제한했을 때, 본질적인 사항에 대해서는 국민의 대표자인 입법자가 법률로 스스로 규율해야 한다고 판단했다(2009. 10. 29. 2007헌바63).

법률의 기준이 되는 헌법

법치국가는 절차적 요건뿐만 아니라 내용적 요건까지 갖추어질 때 정당성을 부여받는다. 소크라테스의 말처럼 "악법도 법"이라면 이를 지켜야 할까? 결론적으로 법에 의한 지배를 의미하는 법치에서의 법은 올바르지 않다면 결코 정당화될 수 없다. 물론 제정된 법은 헌법재판소에서 무효화하거나 개정하기 전까지는 존중되어야 한다. 하지만 악법도 법이라는 말은 오늘날 더 이상 통하지 않는다.

국가권력이 법률에 따라야 한다는 것은 형식적으로 법률에 위반되지 않으면 된다는 것에 그치는 것이 아니다. 법이 평화를 깨트리고 폭력적인 내용을 담고 있는 경우라면 이때 법치는 평화를 위한 법이 아니라 폭력의 수단으로 전락하고 만다. 실질적 법치는 형식적 법치에 더해 법의 내용도 정당해야 한다는 것을 포함한다.

이때 헌법이 법의 정당성을 판단하는 기준이 된다. 법은 최고규범인 헌법을 정점으로 체계적으로 구성되어 있으며, 국회의 입법작용도 헌법에 위반되면 무효화될 수 있다. 법치란 최종적으로 헌법주의를 의미하며, 헌법은 법률의 정당성을 심판하는 규범적 기준이다.

헌법에서 각각의 층위를 이루고 있는 기본원리, 국민의 자유와 권리, 국가기관의 조직과 권한 등은 서로 규범적 효력에서 차이가 난다. 일반적으로는 기본원리는 법률로 제한할 수 없으므로 다른 규정에 비해 우월한 효력을 가지지만, 추상적인 가치 개념이어서 그 내용과 범위를 확정하기가 어렵다.

헌법이 보장하는 기본권 역시 헌법적 가치를 권리로 표현한 것이지만 법률로 제한할 수 있다. 하지만 과도하게 제한할 경우 기본권을 침해하게 되어 위헌이 된다. 기본권의 침해 여부를 판단할 때는 기본권을 제한하는 것이 헌법적으로 정당화되는지를 먼저 심사해야 하며, 반드시 법률로 제한해야 한다.

한편 국가기관의 조직과 작용에 관한 사항은 기본원리나 기본권에 비해 보다 기술적이고 구체적으로 규정된다. 하지만 이들은 기본원리와 기본권의 보장을 실현하기 위한 것인 만큼 조화롭게 해석해야 한다. 이처럼 헌법 해석은 법치국가를 실현하는 데 매우 중요하고도 어려운 과제다.

그렇다면 법의 내용이 정당한 것인지, 즉 헌법에 위반되지 않은 것인지는 누가 판단할까? 모든 국가기관은 헌법과 법률에 따라 권한을 행사하므로 법을 제정할 때부터 법을 집행하고 해석해 적용하는 모든 과정에서 법의 헌법 위반 여부를 심사할 권한과 책임을 가진다. 즉 국회가 법을 제정할 때, 정부가 법을 집행할 때, 그리고 법원과 헌법재판소가 재판을 할 때는 각각 법이 헌법에 부합하는 정당한 법인지를 판단할 수 있다. 이는 국가기관의 책무다.

그러나 헌법의 규범적 기준이란 추상적이고, 가치판단의 문제를 포함하고 있기에 국가기관 사이에서도 다양한 관점에 따라 다른 해석을 할 수 있다. 따라서 헌법은 헌법재판소에 헌법재판을 통해 최종적으로 이러한 판단을 할 수 있는 권한을 부여함으로써 통일성을 유지한다. 실질적 법치는 헌법적 분쟁을 합리적으로 해결하는 헌법재판을 통해 최종적으로 실현된다.

그러나 법치가 내용적으로 정당화되는 과정에서는 앞으로 해결해야 할 과제가 있다. 법치에서의 법에는 법률뿐만 아니라 헌법도 포함되는데, 헌법에 대한 정당성을 어떻게 확보할 것인가 하는 문제다. 정당한 법의 근거인 헌법조차 완전무결할 수는 없기 때문이다. 헌법이 정당하지 않을 경우에는 어떻게 할까? 헌법의 정당성 여부를 판단하는 규범적 기준이나 이를 판단하는 주체에 대해서는 아무런 규정이 마련되어 있지 않다. 주권자인 국민이 헌법을 제정했다는 것만으로 정당화될 수 있을까? 이때 헌법은 합법성보다 정당성의 문제가 대두되는 만큼, 정당성을 확보할 수 있는 방안도 고민해야 한다.

법은 반드시 지켜져야 한다

법치는 법의 목적을 달성하기 위한 방식이다. 법의 목적을 달성하기 위해서는 법치가 제대로 지켜지지 않았을 경우에 이를 바로잡을 수 있어야 한다. 법치는 인간에 의해 실천되면서도, 인간에 대한 불신을 전제로 하고 있는 만큼 언제든지 침해될 수 있다. 따라서 법치가 제대로 실현될 수 있도록 통제하고, 이를 위반한 경우에 책임을 물을 수 있는 장치가 마련되어야 한다.

이에 따라 법치는 권력분립을 통해 사전적으로 국가권력이 남용되는 것을 예방하는 것과 동시에, 사후적으로도 법적 평화가 깨졌을 경우 이를 회복할 수 있는 강력한 제도적 장치 또한 스스로 마련하고 있다. 이러한 법치의 강제적 규범력은 법적 평화가 깨졌을 경우에 효과가 나타난다.

법은 도덕이나 윤리와 달리 국가권력에 의해 강제되는 사회규범이다. 따라서 자유와 정의를 실현하는 내용뿐만 아니라 이를 위반한 경우에 바로잡을 수 있는 물리적 강제력 또한 포함하고 있는 것이다. 절차적으로나 내용적으로 정당하더라도 이를 위반한 경우에 바로잡을 수 없다면 법으로서 아무런 소용이 없다. 법은 개인의 자력구제를 금지하고, 법을 위반한 경우에 취할 수 있는 모든 강제력을 국가에 배타적으로 부여한다. 법의 실효성을 확보할 수 있는 제도를 국가가 독점하고 있는 것이다.

법은 사회에 존재하는 다양한 가치와 이해관계를 조정하고 사회적 합의를 통해 도출한 가치체계이며, 이는 모든 사람에게 동일하게 적용된다. 따라서 개인의 권리를 실현하고 의무를 이행하기 위해서는 법을 제정하는 것은 물론 해석하고 적용하는 것이 필요하다. 그러나 과정에서는 갈등과 분쟁이 발생하기 마련이므로, 이를 해결하는 효과적이고 안정적인 수단을 제도화하는 것이 중요하다. 이러한 시스템이나 제도적 장치의 존재는 한 국가의 수준을 측정하는 중요한 기준이 된다.

모든 사람들이 같은 생각을 하고 같은 가치를 가질 수는 없다. 이는 인간 본성에도 어긋나며 가능하지도, 바람직하지도 않다. 인간세계에서 분쟁과 갈등은 자연스러운 현상이며, 이를 통해 사회는 한 단계 더 발전을 거듭할 수 있다. 따라서 법을 올바르게 제정하고, 집행하고, 해석하고, 적용하는 것은 국가공동체의 발전을 위해서 반드시 필요하다. 사법적 구제 절차는 이러한 갈등과 분쟁을 효과적으로 해결하기 위해 마련되어 있는 것이다. 사법제도를 통해 국가는 합리적이고 효과적으로 분쟁을 해결함으로써 건강한 사회를 유지하고 법치의 실효성을 확보할 수 있다.

헌법은 권력분립의 원칙에 따라 법원과 헌법재판소에 사법권을 부여하고 있다. 법원과 헌법재판소는 국가공동체에서 발생하는 법적 갈등과 분쟁을 헌법과 법률에 따라 해결함으로써 법적 정의와 평화를 실현한다. 따라서 사법부가 공정한 재판을 이루지 못한다면 사법부에 부여한 독립성은 의미를 상실한다. 결국 법치의 실효성은 최종적으로 사법적 구제 절차를 통해 보장되므로 법적 분쟁을 합리적으로 해결하는 사법제도를 확립하는 것이 중요하다.

사법이란 구체적인 소송에 대해 법을 해석하고 적용하는 국가작용이다. 사법은 국가와 국민이 법률에 의해 권한과 권리를 행사하는지 여부를 확인하고, 그에 관한 분쟁을 법에 따라 해결함으로써 법적 정의를 실현한다. 이러한 사법은 공정한 재판을 통해서만 실현될 수 있으며, 사법권의 독립은 공정한 재판의 보장을 위한 최우선적인 요건이다.

사법제도의 핵심은 공정성이다. 권력분립의 원칙에 따라 사법권을 입법부와 행정부로부터 독립시켜 법원과 헌법재판소에 부여하고 있는 것도 이 때문이다. 이러한 사법권의 독립성을 더욱 확립하기 위해서는 재판을 담당하는 법관의 신분이 보장되어야 하며, 재판 또한 내외부적 간섭으로부터도 독립적으로 행해져야 한다. 즉 사법부는 조직적일 뿐만 아니라 인적으로도 법관의 신분 보장을 통해 독립적이어야 한다. 이들은 모두 재판 자체에 대한 독립성을 보장함으로써 재판의 공정성을 확보하기 위한 것이다.

권력분립이라는 제도적 장치

주권자인 국민의 대표자가 법률을 제정함으로써 그 절차적 정당성이 인정된다고 하더라도 여전히 국가권력은 남용될 우려가 있다. 법률을 제정하는 것뿐만 아니라 법률을 집행하고, 해석하고 적용하는 것 역시 헌법과 법률에 따라야 하는 것도 이 때문이다. 국가권력은 법률에서 정한 내용과 범위 안에서 권한을 행사해야 하고, 법률이 정한 절차에 따라야 한다. 입법권을 가진 국회는 헌법과 관련 법률에 따라 법률을 제정해야 한다. 그리고 법률은 제대로 집행되어야 하고 올바르게 해석 및 적용되어야 한다.

국가권력이 헌법과 법률을 위반한 다음 사후적으로 바

로잡고자 하더라도 이는 쉬운 일이 아니다. 따라서 국가권력이 법을 위반하지 않는 제도적 장치를 사전적으로 마련하는 것이 중요하다. 바로, 권력분립이다. 이는 국가권력을 그 성격에 따라 각기 다른 기관에 분산함으로써 서로 견제하고 균형을 유지하도록 한 것이다.

법이론적으로 권력분립의 원칙은 직접민주제에서는 그다지 크게 요구되지 않는다. 국민이 직접 주권을 행사하기 때문이다. 하지만 간접민주제인 대의제에서는 권력분립의 원칙이 강하게 요청된다. 국민의 대표기관이 주권자의 의사를 왜곡해 권한을 남용할 가능성이 있기 때문이다. 권력분립은 대의제에서 국민의 자유와 권리를 보호하고 국가권력의 남용을 예방하기 위한 핵심이다.

일반적으로 국가권력은 입법권, 행정권, 사법권으로 구분할 수 있고, 이들은 국회, 정부, 법원과 헌법재판소라는 별개의 국가기관에 분산해 부여된다. 이에 따라 국회는 입법권, 정부는 행정권, 그리고 법원과 헌법재판소는 사법권을 각각 부여받는다. 국가기관의 입법권, 행정권, 사법권에 대한 법의 우위가 확립될 때 법치는 비로소 실현될 수 있다. 그러나 현실 세계에서 국가기관은 권력을 남용해 권력분립의 원칙을 침해할 위험이 있다.

이를 위해 국회가 헌법에 위반되는 법률을 제정한 경우에는 헌법재판을 통해 무효화시킬 수가 있는 제도적 장치가 마련되어 있다. 또한 행정권을 통해 법률을 공정하고 엄격하게 집행해야 하는 정부가 이를 위반했을 경우에는 행정소송을 통해 바로잡을 수 있다. 사법권을 가진 법원과 헌법재판소도 헌법과 법률에 따른 독립적인 재판을 위반할 수 있다. 이에 헌법은 헌법재판관과 법관에 대해서도 탄핵심판을 통해 파면할 수 있도록 하고 있다.

권력분립의 원칙을 위반했는지를 판단하는 것은 매우 어려운 일이다. 국가기관의 행위를 명확하게 입법작용, 행정작용, 사법작용으로 구분하기가 쉽지 않고, 권력분립의 원칙이 형식적이고 기계적으로 적용되는 규칙이 아니라 형량과 조정을 통해 확정할 수 있는 원리이기 때문이다.

법치는 법에 의한 지배를 의미하고, 법을 제정하는 기관과 이를 집행하는 기관은 구별되어야 한다. 또한 법에 대한 분쟁이 발생한 경우에 이를 해석하고 적용하는 기관도 독립적이어야 한다. 그렇지 않으면 법을 자의적으로 제정하고, 집행하고, 해석할 가능성이 있다. 이처럼 권력분립의 원칙은 국가에 대한 신뢰를 바탕으로 하는 효율적인 권한의 행사 외에도 인간에 대한 불신을 전제로 한 국가권력 남용의 견제라는 핵심적인 기능을 갖는다.

하지만 권력분립의 원칙은 형식적으로 국가권력을 분립하고 이를 별도의 기관에 분배하는 것만으로는 충분하지 않다. 현대국가에서 국회의 입법작용과 정부의 행정작용은 서로 융합적으로 이루어지는 경우가 많고, 실제로 국정은 정당을 중심으로 운영되고 있어 국가기관 사이보다 여당과 야당의 견제와 균형이 훨씬 중요한 것이 사실이다. 따라서 직업공무원제도와 지방자치제도를 강화하는 것도 권력에 대한 통제장치로서 기능할 수 있다.

신뢰할 수 있는
법의 조건

언어의 추상성과 법의 명확성

법치를 실현하기 위해서는 법에 의한 통치만으로는 부족하며, 무엇보다 법 자체가 제대로 정립되어야 한다. 따라서 법치의 올바른 실현을 위해 무엇보다 법은 명확해야 한다. 법은 국가권력의 행사를 정당화하는 근거이자 그 권한 남용을 방지하는 통제 수단이다. 따라서 법은 국가권력 행사에 대해 그 내용과 범위, 절차와 한계를 명확하게 규정해야 한다. 법이 명확하지 않으면 국가기관은 자의로 권력을 행사할 수 있고, 이는 국가가 개인의 자유를 침해하는 폭력에 불과하다. 따라서 국회는 법률 제정 시 국가기관이 자의적으로 권한을 행사하지 않도록 명확하게 규정해야 한다.

법치는 국가기관이 법에 의해 통치해야 한다는 것에 그치는 것이 아니다. 국민도 법에 의해서만 통치되어야 한다는 것을 의미한다. 법을 지켜야 하는 수범자는 국가기관뿐 아니라 국민도 포함된다. 이때 국민은 법률을 통해 발생하는 권리와 의무의 요건과 효과를 제대로 이해할 수 있어야 한다. 법이 국민에게 무엇을 허용하고, 금지하는지를 알아야 법의 규범력이 제대로 작동한다. 결국 법의 명확성은 국가권력의 자의적 행사를 방지하고, 국민에게 예측 가능하고 안정적인 생활을 보장하기 위한 것이다.

그렇다면 법은 어느 정도 명확해야 할까? 법률의 적용을 받는 대상은 시시각각 변하는 다양한 사건이다. 법률은 이와 같이 개별적이고 구체적인 사건을 모두 포괄해야 하므로 명확하게 규정하는 데 한계가 있다. 또한 법률은 결국 언어로 표현되고, 언어란 원래 세계를 표현하는 데 한계가 있는 만큼 언어로 소통한다는 것은 언제나 의사가 왜곡될 가능성을 내포하고 있다. 따라서 입법 기술적으로 법은 어느 정도 추상적으로 규정할 수밖에 없다.

때문에 '정당한 사유가 있는 경우' 또는 '필요한 경우'와 같은 법률의 규정은 국가기관은 물론 이해관계자들 사이에서도 서로 다르게 해석할 여지를 준다. 법의 명확성은 위헌법률심판에서 법률의 위헌성을 심사하는 기준이 된다. 실제로 위헌법률심판을 청구하는 사례 중 많은 경우가 명확성의 원칙 위반을 주장한다. 이는 명확성의 원칙을 판단하는 규범적 기준 자체도 명확하지 않다는 것을 반증한다. 결국 명확성의 원칙은 개별 법률 조항의 해석을 통해 그 요건과 내용을 특정할 수 있는지에 따라 판단할 수밖에 없다.

국회는 입법형성권을 통해 법률 제정에 대한 재량을 갖지만, 법률이 명확성의 원칙을 위반할 경우 무효화될 수 있다. 그런데 이러한 법률의 명확성은 국가권력이 자의적으로 행사될 위험성에 따라 그 정도가 다르게 요구된다. 법률이 국민에게 권리와 이익을 부여하거나 의무를 면제하는 등 시혜적인 경우에는 명확성을 엄격하게 요구받지 않는다. 개인의 자유와 권리를 침해할 위험이 크지 않기 때문이다. 그러나 국민의 기본권을 제한하거나 의무를 부과하는 경우에는 보다 명확하게 규정해야 한다. 특히 법률이 개인에게 형벌을 부과해 처벌하는 경우에는 무엇보다 명확해야 한다. 죄형법정주의가 이에 해당한다.

헌법재판소는 법의 명확성에 대해 법률이 처벌하고자

하는 행위가 무엇이며 형벌이 어떤 것인지 누구나 예견할 수 있고, 그에 따라 자신의 행위를 결정할 수 있도록 구성 요건을 명확하게 규정할 것을 요구한다. 혹시 다소 광범위해 법관의 보충적인 해석을 필요로 하는 개념을 사용했더라도, 통상의 해석 방법에 따라 건전한 상식과 통상적인 법감정을 가진 사람이면 처벌법규의 보호 법익과 금지된 행위 및 처벌의 종류와 정도를 알 수 있도록 규정했다면 명확성에 배치되는 것이 아니라고 판단했다(2017. 11. 30. 2015헌바336). 그러나 '건전한 상식과 통상적인 법감정'이라는 헌법재판소의 판단은 규범적 기준을 제시하고 있을 뿐, 입법과 법률에 대한 해석 기준으로서는 매우 불명확하다. 결국 법의 명확성 여부는 재판의 구체적인 사건을 해결하는 과정에서 법률 해석을 통해 판단할 수밖에 없다.

평등한 법의 평등한 적용

역사적으로 법치는 누구도 법의 적용에서 제외되어서는 안 된다는 것을 핵심으로 출발했다. 의회가 제정한 법은 왕을 포함해 모든 국가권력을 구속하고, 국가기관뿐만 아니라 개인에게도 평등하게 적용해야 한다는 것이다. 법은 특정한 개인이나 사건만이 아닌, 모든 경우를 적용 대상으로 삼아야 한다. 하지만 아무리 법을 평등하게 적용하더라도 법 자체가 불평등한 내용을 포함하고 있으면 소용이 없다. 법은 적용에서도 평등해야 하지만, 내용 또한 평등해야 한다. 법치는 평등한 법을 평등하게 적용해야 실현할 수 있다.

특정인이 구체적인 사건을 일으킨 경우에 현실적으로 적용되는 것이 법이지만, 법 자체가 특정 개인이나 사건에 개별적으로 적용되는 것을 전제로 제정되어서는 안 된다. 법은 일반적이어야 한다. 즉 일정한 범위의 국민만을 대상으로 하거나 개별적인 사항만을 규율하는 처분적 법률은 허용되지 않는다.

본래 법은 일반적이고 추상적으로 규정된 것으로, 법적 효과란 법률 그 자체로 발생하지 않는다. 행정부의 법 집행이나 개인의 위반 행위 등을 통해 법적 요건을 갖춘 경우에만 발생하고 최종적으로는 법원의 재판을 통해 확정된다. 그러나 처분적 법률은 법률 자체가 처분이 되어 행정이나 사법작용을 거치지 않고 직접 적용됨으로써 법적 효과가 발생하고 집행력을 가진다. 이러한 처분적 법률에는 개별 인적 법률과 개별 사건적 법률이 있다. 불특정 다수인이 아

니라 특정한 개인에게만 적용되는 것을 개별 인적 법률이
라 하며, 동일한 요건을 갖춘 모든 사건이 아니라 특정한 개
별 사건에만 적용되는 것을 개별 사건적 법률이라고 한다.

　법이 일반적이어야 하는 이유는 법 자체가 개별적으로
적용될 경우 권력분립의 원칙 및 평등 원칙에 위반되기 때
문이다. 본래 입법권은 법률을 제정하는 권한만을 의미하
며 집행은 행정권, 재판은 사법권에 귀속되어 있다. 그러나
처분적 법률은 행정이나 사법이라는 매개적 작용이 없는
상태에서 직접 국민에게 권리와 의무와 같은 법적 효과를
발생시키므로 권력분립의 원칙에 위반될 수 있다. 입법권
을 가진 국회가 직접 행정권이나 사법권을 행사하게 되는
결과를 초래하기 때문이다. 또한 처분적 법률은 특정한 사
람이나 사건만을 적용 대상으로 하므로 적용 대상에 포함
되는 사람이나 사건 또는 적용 대상에서 제외되는 사람이
나 사건을 차별하게 되어 평등 원칙에 위반될 수도 있다.

　그러나 현대국가에서는 사회적 법치국가를 실현하기
위해 처분적 법률을 제정할 필요성이 증대되고 있다. 자연
재해나 경제 위기 등 국가 비상사태에서는 구체적 상황에
효과적으로 대응하기 위해 처분적 법률을 제정해야 할 경

우도 있다. 따라서 처분적 법률이라는 것만으로 권력분립의 원칙이나 평등 원칙에 위반된다거나, 국회는 결코 처분적 법률을 제정할 수 없으며, 처분적 법률은 그 자체로 위헌이라고 할 수는 없는 것이다. 처분적 법률을 제정하게 된 목적, 내용, 법적 효과, 법률 적용이 미치는 실질적 영향 등을 종합적으로 고려해 위헌 여부를 판단해야 한다.

따라서 국회는 입법 재량을 통해 헌법에 위반되지 않는 범위에서 어떤 내용의 법률도 제정할 수 있다. 국회가 제정한 처분적 법률을 적용함으로써 권력분립의 원칙이나 평등 원칙에 위반되는 결과가 발생한 경우에만 위헌에 해당하는 것이다. 즉 처분적 법률이 사법부의 재판 없이 직접 특정인의 구체적인 권리를 박탈하거나 처벌하는 경우, 합리적인 이유 없이 개인을 차별적으로 취급하는 경우가 아니라면 국회는 이러한 헌법원칙에 위반되지 않는 범위 내에서 처분적 법률을 제정할 수 있다. 헌법재판소는 특정한 규범이 개인 또는 개별 법률에 해당한다고 바로 헌법에 위반되는 것은 아니며, 그 차별적 규율이 합리적인 이유로 정당화되는 경우에는 허용된다고 판단했다(2011. 5. 26. 2010헌마183).

헌법의 모순 없는 체계와 균형

법치가 실현되기 위해서는 법이 체계적으로 정합해야 한다. 법은 최고법인 헌법을 정점으로 피라미드 구조를 가진 규범 체계의 형식으로 구성된다. 모든 법규범은 헌법의 틀 안에서 존재한다. 이러한 법이 체계적으로 정합해야 한다는 것은 여러 법규범들 상호 간에도 그 구조와 내용 등에 모순이나 충돌 없이 균형을 유지해야 한다는 것이다. 또한 하나의 법규범 내에서도 서로 모순되는 내용이 없어야 한다는 것도 의미한다. 어떤 법에서 금지하는 행위를 다른 법에서는 허용하거나, 법이 부여하는 효과나 규제하는 정도가 비례적으로 적정하지 못하도록 규정해서는 안 된다.

법이 체계적으로 정립되지 않으면 법의 해석과 집행에서 모순과 충돌이 발생하게 되고, 국가권력의 자의적 행사를 초래해 법치가 제대로 기능할 수 없다. 따라서 국회는 법률을 체계적으로 정합하도록 제정해야 한다. 입법자는 특정한 사항을 규율하기 위해 선택한 가치 기준을 하나의 법률 또는 동일한 대상을 규율하는 다른 법률에 대해서도 일관되게 적용해야 한다. 이는 입법자의 자의를 금지함으로써 정책의 형평성, 규범의 명확성과 예측 가능성, 그리고 규범에 대한 신뢰와 법적 안정성을 확보하기 위한 것이다.

다만 규율 대상이 동일하더라도 그 규율 대상에 대한 법률의 입법 목적이 항상 동일한 것은 아니며 다를 수도 있다. 이때는 국회가 재량을 가지고 형량과 조정을 통해 입법 목적을 달성할 수 있도록 서로 다른 내용으로 규정할 수 있다.

대한민국에는 한 개의 헌법 아래 약 1300여 개의 법률을 포함해 약 4000여 개의 법령이 존재한다. 이 법령들은 목적이나 규율 대상이 매우 다양하고, 제정된 시기도 달라 서로 모순되거나 충돌할 가능성이 있다. 따라서 법령을 체계적으로 정합하게 해석하고 적용하기 위해서는 법률에 대한 해석 원칙이 있어야 한다. 바로 상위법 우선의 원칙, 특별법 우선의 원칙, 신법 우선의 원칙이 그것이다.

먼저 상위법 우선의 원칙은 헌법, 법률, 명령, 규칙 등의 순서로 서열화된 법 사이에 모순이 있는 경우에는 상위법을 우선적으로 적용한다는 것이다. 특별법 우선의 원칙은 원칙적으로 적용되는 일반법보다 그 예외사항을 다루는 특별법을 먼저 적용한다는 것이다. 또한 신법 우선의 원칙은 과거에 제정된 법보다 최근에 제정된 법을 우선적으로 적용한다는 것이다. 하지만 이러한 법률 해석의 원칙들 사이에도 모순과 충돌이 발생할 수 있다. 이때는 상위법 우선의 원칙, 특별법 우선의 원칙, 신법 우선의 원칙의 순서대로 적용해야 한다. 상위법인 이상 일반법이나 구법이라도 우선적으로 적용되며, 구법인 특별법이 신법인 일반법보다 우선적으로 적용된다.

또한 법의 체계적 정합성은 입법작용뿐만 아니라 행정작용이나 사법작용에도 요구된다. 정부가 법률을 집행하는 과정에서 동일한 사안에 대해 서로 다르게 처분하거나 현저하게 형평성에 어긋나게 처분해서는 안 된다. 또한 법원과 헌법재판소가 헌법과 법률을 해석하고 적용하는 경우에도 체계적으로 정합하도록 해야 한다. 다만 사법부는 동일한 법률이라도 법 해석에서 판례 변경을 통해 이전의 판결과 모순되는 결정을 할 수는 있다. 물론 판례를 변경할 때는 합리적인 이유가 있어야 한다.

그러나 법이 체계적으로 정합해야 한다는 것은 법의 일반적 기준에 불과하며 위헌 여부를 결정하는 헌법원칙은 아니다. 즉 법의 체계적 정합성은 법률이 체계적으로 정합하는 것이 바람직하고 가급적 그렇게 해야 한다는 행동규범일 뿐, 위헌 여부를 판단하는 통제규범은 아니다. 독자적인 위헌 사유는 되지 않는 것이다. 이는 법률이 체계적으로 정합하지 않는지 여부를 판단하기가 쉽지 않고, 국회가 입법형성권을 가지므로 이를 존중하자는 의미다.

따라서 법률이 체계적으로 정합하지 않은 경우에는 그 사유를 개별적으로 검토해 그것이 권력분립의 원칙에 위반되거나 기본권을 과도하게 제한해 침해한 경우에만 위헌이 인정된다. 즉 법의 형식에 대한 요청사항 중 명확성의 원칙을 위반한 경우에는 그 자체만으로 위헌으로 판단할 수 있지만, 법의 일반성과 체계적 정합성을 위반한 경우에는 그 자체로 독자적인 위헌 사유는 되지 않는다.

법적 신뢰는 보호되어야 한다

법이 목적을 달성하기 위해서는 법 자체가 안정적이어야 한다. 이때 법적 안정성이란 인간이 법에 따라 안심하고 생활할 수 있는 안정적인 상태로, 법에 의한 안정이 아니라 법 자체의 안정을 의미한다. 법 자체가 안정적이지 못하면 법은 규범력을 갖기 어렵고 실효성도 상실하고 만다. 법적 안정성은 법의 이념이자 법치의 조건이다. 이러한 법적 안정성은 소급입법의 금지와 법적 신뢰의 보호로 구체화된다.

소급입법은 이미 완성된 사실관계나 법률관계에 적용되는 법률을 제정하는 것인 만큼, 과거나 현재의 사건에 대해 현재나 미래에 다른 잣대로 평가하므로 원칙적으로 허용되어서는 안 된다. 아직 법이 존재하지 않은 상태에서 행한 행위에 대해 사후적으로 법률을 제정해 적용하는 것은 법적 평화를 깨트리기 때문이다. 현재 법이 규율하지 않는 사항에 대해 미래에 법률을 제정해 현재의 행위를 규율하면, 누구든지 안심하고 생활할 수 없고 항상 불안하게 된다. 법치국가는 이러한 상황에서는 실현될 수 없다. 특히 이미 지난 과거의 행위를 새롭게 형사처벌하는 내용의 법률은 개인의 법적 안정성을 훨씬 더 해친다. 소급입법의 금지는 '법률이 없으면 범죄가 아니고, 형벌도 없다'는 죄형법정주의의 핵심적 내용이다.

그러나 법적 가치와 이념은 국가공동체의 역사적 조건에 따라 변할 수 있다. 과거에 무가치한 행위였더라도 현재에 가치 있다고 평가될 수 있고, 현재의 가치 있는 행위도 미래에는 무가치하게 평가될 수 있다. 따라서 과거 행위라도 현재의 관점에서 재평가해 새로운 법적 효과를 부여하는 것이 국가공동체의 건강한 발전을 위해 필요할 때도 있다.

그런 만큼 소급입법을 절대적으로 금지하면 미래지향적으로 발전할 수 있는 기회를 원천적으로 봉쇄하는 결과를 초래할 수 있다. 특히 과거의 법률로 권리나 이익을 부당하게 제한받았던 사람에게 개선된 법률로 권리나 이익을 소급해 부여하는 것은 정의의 관념에도 부합한다. 따라서 국회의 소급입법은 절대적으로 금지되는 것이 아니라 기본권을 침해하지 않는 경우, 법률의 목적이나 취지를 고려해 헌법적 가치에 부합한다면 인정될 수 있다. 결국 소급입법의 금지는 개인의 자유와 권리를 제한하는 결과를 초래하는 퇴행적인 소급입법을 금지하는 것을 말한다.

그렇다면 소급입법은 어떤 경우에 예외적으로 허용되고, 어떤 경우에 위헌으로 금지될까? 일반적으로 소급입법은 유형에 따라 법적 효과를 달리한다.

첫째, 신법이 이미 과거에 완성된 사실 또는 법률관계에 부여된 법적 효과를 소급적으로 불이익하게 변경하는 경우가 있다. 이를 진정소급입법이라고 하며, 원칙적으로 허용되지 않지만, 예외적으로 허용된다. 신법을 통해 달성하는 공익과 구법에 의해 제한되는 사익을 비교 형량해 전자가 후자보다 큰 경우 위헌이 아니라고 판단한다. 국민이 소급입법을 예상할 수 있는 경우, 법적 상태가 불확실하고 혼란스러워 보호할 만한 신뢰 이익이 적은 경우, 그리고 소급입법에 의해 개인의 손실은 경미하고 달성되는 공익이 중대한 경우에는 진정소급입법이 예외적으로 허용된다.

둘째, 과거에 시작했으나 구성요건이 아직 완성되지 않고 진행 중인 사실 또는 법률관계에 대해 그 구성요건이 완성되었다면 부여했을 법적 효과를 불이익하게 변경하는 경우다. 이를 부진정소급입법이라고 하며, 원칙적으로 허용되지만, 예외적으로 허용되지 않는다. 신법을 통해 달성하는 공익과 구법에 의해 제한되는 사익을 비교 형량해 전자가 후자보다 크지 않은 경우에는 위헌으로 판단된다. 새로운 입법을 통해 실현하고자 하는 공익과 이로 인해 침해받는 사익의 가치, 침해의 방법과 정도 등을 형량해야 한다.

이와 같이 소급입법은 입법 유형에 따라 법적 효과를 달리하지만, 위헌심사의 기준으로는 매우 불명확하다. 진정소급입법과 부진정소급입법은 상대적이어서 획일적으로 구분하기도 어렵다. 사실관계와 법률관계가 완성되었는지 여부는 이를 확정하는 기준에 따라 다르기 때문이다. 소급입법을 평가할 때 기준으로 제시되는 공익과 사익을 비교해 형량하는 것도 쉬운 일이 아니다. 특히 시혜적인 소급입법이라도 그 적용 대상에서 제외되는 사람들을 차별적으로 취급하는 경우에는 평등 원칙을 위반해 위헌이 될 수도 있다. 결국 소급입법의 위헌 여부는 재판을 통해 구체적 사건을 해결하는 과정에서 개별적으로 판단할 수밖에 없다.

이외에도 법적 안정성을 위해서는 법에 대한 신뢰 또한 보호되어야 한다. 신뢰 보호의 원칙이란 국가기관이 법을 통해 국민에게 부여한 신뢰를 보호해야 한다는 것을 말한다. 국민은 국가의 법적 행위를 기초로 미래를 예측하고 행위를 하는데, 국회가 법률을 개정해 국민의 신뢰에 반하는 법적 효과를 발생시킬 경우 국민은 평화로운 생활을 영위할 수 없기 때문이다. 따라서 법률을 개정해 미래 사건을 규율하는 경우에도 국민이 그 법률에 대해 가지는 신뢰를 보호해야 한다. 뿐만 아니라 과거 사건에 대한 소급입법을 금지하는 것도 개인의 법적 신뢰를 보호하기 위한 것이다. 소급입법의 금지가 과거의 행위를 현재의 잣대로 평가하지 않는 것이라면, 법적 신뢰의 보호는 현재의 잣대를 미래에도 보장하겠다는 것이다.

이때 국민이 갖는 법적 신뢰는 헌법적으로 보호할 만한

가치가 있는 경우에만 보호된다. 국민이 주관적으로 법에 갖는 단순한 희망이나 기대는 법적 보호 대상이 아니다. 법이 타인에게 적용되어 결과적으로 반사적 이익을 받는 경우에도 이에 대한 신뢰는 법적 권리로 보호되지 않는다.

그러나 헌법적으로 보호할 만한 가치가 있는 신뢰인지의 여부 또한 다양한 요소를 형량한 다음 결정해야 하므로 규범적 기준이 명확하지 않은 만큼 판단하기가 매우 어렵다. 따라서 신뢰 보호의 원칙을 판단할 때는 신뢰 이익의 보호 가치, 신뢰에 대한 침해의 방법과 정도, 공익의 중요성과 긴급성, 창출되는 공익과 침해받는 사익의 정도 등을 비교하고 형량해 판단해야 한다.

즉 법적 안정성을 확보하기 위한 소급입법의 금지와 신뢰 보호의 원칙은 일반적인 법원칙으로서 헌법적 이념과 가치에 부합하지만, 독자적인 위헌 사유는 아니다. 소급입법이나 신뢰 보호에 위반되는 작용이 국민주권, 자유민주주의 등 다른 헌법의 기본원리를 위반하거나 기본권을 침해한 경우에 한해 위헌이라고 판단된다.

모든 국민은
법 앞에서 평등하다

법치국가의 헌법적 근거

법치국가는 국민의 자유와 권리를 보호하는 것을 목적으로 하기에, 국가권력의 자의적 행사를 금지한다. 대한민국은 건국헌법을 제정할 때부터 법치를 기본원리로 채택했다. 비록 헌법에서 직접 법치를 규정하고 있지는 않지만, 헌법 해석을 통해 도출할 수 있으며, 헌법재판소와 대법원도 수많은 판례를 통해 법치를 헌법의 기본원리라고 명확히 선언하고 있다.

법치국가는 주권자인 국민이 법을 제정한다는 것을 전제로 하므로 국민주권을 이념적 기초로 한다. 국가기관은 주권자인 국민에 의해 제정된 헌법에 따라 조직되고 권한을 부여받는다. 1948년 수립된 정부도 건국헌법을 미리 제정하고 그에 따라 구성됨으로써 처음부터 법치를 준수했다. 헌법 제40조는 국민의 대표기관인 국회에 입법권을 부여하고 있으며, 모든 국가기관은 헌법과 법률에 따라 권한을 행사할 것을 요구하고 있다.

또한 헌법은 제2장에서 국민의 권리와 의무를 규정함으로써, 개인의 기본권을 보장하고 법치를 내용적으로 정당화한다. 제10조는 인간의 존엄과 가치를 인정하고, 국가에 이를 보장할 헌법적 의무를 지운다. 제11조 제1항은 법 앞의 평등을 선언하는데, 이는 법을 평등하게 적용한다는 것만 의미하는 것이 아니라 법 자체도 평등해야 한다는 것을 포함한다. 제12조에서 천명하는 적법절차의 원칙은 신체의 자유뿐만 아니라 모든 국가작용에도 적용된다. 또한 제13조는 죄형법정주의에 따라 소급적으로 처벌하는 것을 금지하고, 소급입법에 의해서는 참정권을 제한하거나 재산권을 침해할 수 없다는 것을 강조한다.

특히 제37조 제2항에서는 국민의 모든 자유와 권리를 제한할 수 있다는 것을 인정하면서도 반드시 법률로써만 제한할 수 있고, 과잉제한금지의 원칙에 따라 필요한 경우에 그 한도에서만 가능하도록 했다. 이때에도 기본권의 본질적 내용은 절대로 침해할 수 없다. 특히 헌법소원심판은 현행헌법에 처음 도입된 것으로, 국가권력으로부터 개인의 기본권이 침해된 경우 헌법재판소가 직접 위헌으로 선언하도록 함으로써 기본권을 강하게 보장하고 있다. 헌법소원심판은 개인이 헌법적 기본권을 침해당한 경우에만 청구할 수 있으며, 법률상 권리를 침해당한 때는 법원에 소송을 청구해야 한다.

이를 위해 헌법은 제5장에서 법원의 사법적 구제 절차를 규정하고 사법권의 독립을 규정한다. 특히 제103조를 통해 법관이 헌법과 법률에 의해 양심에 따라 독립해 심판하도록 규정하고 있다. 국민은 선거권과 같은 참정권이나 알 권리와 언론·출판의 자유와 같은 표현의 자유를 가지고 국가권력의 행사를 감시하고 통제하지만, 언제든지 국가권력에 의해 자유와 권리를 침해받을 수 있다. 헌법은 이를 대비해 사법적 구제 장치를 마련하고 있다.

또한 헌법은 권력분립의 원칙을 채택해 법치가 침해되는 것을 사전에 방지하고 있다. 즉 입법권은 국회, 행정권은 정부, 사법권은 법원과 헌법재판소에 배분되어 있으며, 선거 관리 기능 또한 정부로부터 독립시키고, 지방자치제도를 통해 지방 분권도 실현하고자 한다. 권력분립의 원칙은 대의제의 전제조건이자 법치국가의 성립조건인 것이다.

이외에도 헌법은 제7조에서 직업공무원제도를 채택하고 있다. 공무원은 주권자인 국민의 이익을 위해 헌법으로부터 권력을 위임받은 존재로, 국가기관의 구성원으로서 국가권력을 실제로 행사하는 사람이다. 따라서 국민과의 관계에서는 국민에 대해 법적 책임을 지며, 국가와의 관계에서는 헌법과 법령을 준수하고, 국가를 수호하는 책임을 진다. 법치의 관점에서는 대통령이나 상급자에 의해 지배되는 것이 아니라 법률이 보장하는 바에 따라 신분과 정치적 중립성을 보장받아야 한다. 이것이 직업공무원제도의 핵심이다.

헌법이 공무원의 정치적 중립성을 보장한다는 것은 무엇보다 국가가 공무원이 정치적으로 중립할 수 있도록 보장해야 한다는 것을 말한다. 국가는 특정한 정파적 이익을 공무원에게 강요해서는 안 되며, 공무원이 정치적으로 중립할 수 있도록 보장해야 한다. 물론 공무원도 스스로 정치적 중립성을 유지해야 할 헌법적 의무를 진다. 하지만 국가가 공무원의 정치적 중립성과 신분을 보장하는 것이 우선이며, 공무원 스스로 정치적 중립성을 유지해야 하는 것은 그다음이다. 정치권력자가 공무원을 정치에 이용해 그 중립성을 훼손하고도 공무원에 대해 정치적 중립성을 위반했다고 질책하는 것은 본말이 전도된 것이다.

헌법을 유지하는 장치, 헌법재판

법치가 실현되기 위해서는 법을 제정, 집행, 해석 및 적용하는 전 과정에서 헌법적 가치를 실현해야 하며, 헌법을 위반해서는 안 된다. 대한민국은 헌법재판을 통해 실질적 법치국가를 실현하고자 한다. 헌법재판을 통해 헌법은 그 규범력을 유지할 수 있고, 개인의 자유와 권리를 보호하고, 국가공동체를 유지한다는 목적을 달성할 수 있다. 헌법재판은 법치를 내용적으로 정당화시킬 뿐만 아니라 국가권력에 법치에 대한 책임을 묻고 통제한다.

헌법재판은 헌법에 대한 분쟁을 소송 절차에 의해 해결함으로써 헌법 질서를 유지하는 사법작용이다. 이를 위해 헌법재판소는 국회 등의 국가기관을 포함해 국민의 기본권을 보장하기 위해 헌법적 분쟁을 심판한다. 국민이 갖는 법률상의 권리를 보장하는 수단이 일반재판이라면, 헌법재판은 헌법의 가치와 이념을 보장하는 사법적 수단이다.

다시 말해 헌법재판은 국가권력이 헌법을 침해했을 경우 헌법의 규범력을 회복하는 사법적 구제 절차다. 헌법재판을 통해 법의 실효성은 최종적으로 실현된다. 따라서 헌법재판은 반드시 공정성을 확보해야 하고, 이를 위해 헌법재판소는 독립성과 중립성을 유지해야 한다. 헌법재판소가 다른 국가기관으로부터 독립적으로 구성되고, 헌법재판관의 신분도 보장되어야 하는 이유가 이것이다. 이를 통해 공정한 헌법재판이 이루어질 수 있다.

헌법재판소는 국가의 핵심기관이 헌법을 위반한 경우에 법적 책임을 추궁함으로써 헌법을 수호한다. 국회는 헌법에 위반되는 법률을 제정하는 등 입법권을 행사하는 과정에서 헌법을 침해할 수 있다. 국민의 대표기관인 국회가 제정한 법률이라도 그 내용이 헌법에 위반될 경우에는 결코 정당화될 수 없다. 이때 헌법재판소는 위헌법률심판을 통해 그 법률을 무효화시킬 수 있다.

대통령을 비롯한 고위 공무원이 행정 업무 수행 과정에서 헌법을 침해하는 경우도 있다. 이때에도 헌법재판소는 탄핵심판을 통해 해당 고위 공무원을 공직에서 파면할 수 있다. 실제로 우리나라에서는 두 차례에 걸쳐 현직 대통령에 대해 탄핵심판이 이루어졌다. 2004년에는 현직 대통령이 국회에서 탄핵소추되었으나, 헌법재판소에서 기각되었다. 그러나 2017년에는 사상 처음으로 현직 대통령이 파면되었다. 탄핵심판을 통해 헌법의 규범력을 확보한 것이다.

한편 법원도 재판작용을 통해 헌법을 침해할 가능성이 있다. 그러나 헌법재판소법은 판사에 대해 탄핵심판만 할 수 있을 뿐, 재판 자체는 헌법소원심판의 대상에서 제외하고 있다. 이는 사법권의 독립을 존중하고 법적 분쟁을 최종적으로 해결하는 법원의 기능을 보장하기 위한 것으로 이해된다. 하지만 재판 또한 헌법에 어긋나게 기본권을 침해할 수 있으므로 이러한 경우에는 헌법소원심판의 대상으로 인정하도록 헌법재판소법을 개정하는 것이 바람직하다.

이외에도 국가 공권력의 행사 또는 불행사로 헌법이 규정하는 기본권을 침해한 경우에는 헌법소원을 통해 구제할 수 있도록 하고 있다. 또한 국가권력을 행사하는 국가기관과 지방자치단체가 권한의 존부나 범위에 다툼이 있는 경우에는 권한쟁의심판을 통해 이를 해결한다. 이는 권력분립의 원칙을 실현하고 지방자치제도를 보장하는 장치다.

한편 국가기관이 아닌 정당도 헌법을 침해할 수 있다. 정당은 국가권력은 아니지만 실질적으로 국가권력으로 기능한다. 헌법은 국민의 정치적 의사를 효율적으로 형성하기 위해 정당을 특별히 보호하고 있지만, 정당의 목적이나 활동이 민주적 기본질서를 위배해 헌법을 침해하는 것까지 보호하지는 않는다. 이때 헌법재판소는 그러한 위헌정당을 해산할 수 있다.

헌법재판소는 2014년 처음으로 통합진보당에 대해 민주적 기본질서를 위배한다는 이유로 해산 결정을 내린 적이 있다. 국가가 사법적 판단을 통해 정당을 해산하는 것은 독일과 터키 등 일부 국가를 제외하고는 세계적으로도 흔치 않은 사례다. 통합진보당 해산은 헌법의 가치와 이념으로는 그 정당의 존속과 활동을 도저히 수용할 수 없다는 것을 규범적으로 확인한 것이라고 할 수 있다. 헌법재판소는 통합진보당의 목적이나 활동이 민주적 기본질서에 실질적으로 해악을 끼치는 구체적 위험이 있으며, 정당 해산으로 초래되는 사익의 제한보다 그로 인해 발생하는 공익이 크다는 것을 선언했다(2014.12.19. 2013헌다1).

우리나라의 헌법재판은 독일의 헌법재판을 많이 참고했다. 그러나 독일은 국민이 헌법을 침해한 경우에 기본권을 박탈하는 기본권 실효제도를 두고 있지만, 우리는 이러한 기본권 실효제도는 도입하지 않았다. 그러므로 개인이 헌법을 침해한 경우에도 법원의 일반재판을 통해 심판할 뿐, 헌법재판을 통해 기본권을 박탈하지는 않는다. 우리의 헌법재판은 국가권력의 헌법 침해로부터 개인과 국가공동체를 보호하는 것을 목적으로 삼고 있다고 할 수 있다.

법치를 지키는 방법

대한민국은 실제로도 법치국가일까? 우리는 건국헌법에서 법치를 기본원리로 채택한 이후 지속적으로 법치국가를 실현하기 위해 노력해왔다. 따라서 대한민국 법치의 현실은 다음과 같이 평가할 수 있다.

첫째, 국민주권을 이념적 기초로 두고 지속적으로 개인의 기본권을 강화하고 있다. 그러나 대의제의 병폐에 따라 국민이 실질적 주권자로 취급받지 못하고 있으며, 개인의 기본권 또한 제대로 보장받지 못하고 있다는 주장도 있다. 국민이 직접 거리와 광장에 나와 정치적 의사를 표출하는 것은 대의제가 건강하게 작동하지 않는다는 증거다.

국민이 주권자로서 정치적 의사를 표현하는 것은 당연하지만, 헌법이 국민에게 직접 국정에 관한 의사를 결정하도록 허용한 것은 국민투표뿐이다. 국회의원 등 정치인들이 국민과 함께 거리에 나와 정치적 집회에 참여하는 것은 스스로 대의기관의 기능을 포기한 것이기도 하다. 따라서 대의제의 기능을 정상화하는 한편, 국민이 직접 정치적 의사결정에 적극적으로 참여할 수 있는 제도적 장치를 마련하는 것도 고민해야 한다.

둘째, 권력분립의 원칙에 따라 국가권력이 분배되어 있지만, 대통령에게 과도한 권한이 집중되어 있으며, 이를 효과적으로 통제할 수 있는 제도적 장치 또한 미흡하다는 비판이 제기되고 있다. 국회도 정부의 권한 행사를 제대로 견제하고 통제하지 못하고 있으며, 파벌적 정당제도에 의해 권력분립이 형해화되고 있다. 법원과 헌법재판소도 관료화되어 정치적 영향을 받기도 하고, 지나치게 여론을 의식해 재판의 독립성이 저해되는 등 공정한 재판을 수행하지 못하고 있다는 비판도 있다.

특히 헌법재판은 법치를 실질화하는 데 크게 기여했지

만, 헌법재판소의 구성과 운영이 민주주의와 모순되고 지나치게 정치적 고려를 한다는 비판이 있다. 대통령을 비롯한 헌법기관이 헌법재판관을 나누어 간접적으로 선출하는 것은 민주적 정당성이 취약하며, 이는 정치적 사건에 대해 특정한 정파의 이익이나 여론의 영향을 받아 재판하는 원인이 된다는 것이다. 정파적 타협으로 간접적으로 선출된 아홉 명의 헌법재판관이 국민의 대표기관인 국회가 제정한 법률을 무효화하는 것을 정당화할 수 있는지도 논란이 되었다. 그러다 보니 독일처럼 모든 헌법재판관을 국회에서 선출해야 한다는 주장도 계속 제기되고 있다. 이와 같은 문제점은 앞으로 헌법개정이나 제도적 개혁을 통해 개선해야 할 것이다.

셋째, 법의 형식성과 법적 안정성은 헌법재판을 통해 꾸준히 개선되고 있다. 하지만 최근에는 소급입법과 처분적 법률의 제정을 통해 개인의 기본권을 제한하고 평등 원칙에도 위반되는 사례가 증가하고 있다는 비판도 제기된다. 우리는 건국헌법에서부터 부칙에서 예외적으로 친일파를 처벌할 수 있는 소급입법의 근거를 마련해놓았다. 이후 우리 헌정사에서는 '반민족행위처벌법' '반민주행위자 공민권 제한법' '정치풍토쇄신을 위한 특별조치법' '진실·화해를 위한 과거사정리 기본법' 등 최근까지 소급적 법률과 처분적 법률을 제정한 사례가 많다.

이들은 대부분 불행했던 과거의 불법을 청산하기 위한 것들이었으며, 우리의 역사적 정치 현실을 반영하는 것이기도 하다. 정치적 과거를 청산하지 않고는 미래를 약속할 수 없으므로 과거의 구조적 불법은 반드시 극복해야 한다. 다만 이러한 소급입법은 법적 평가에 대한 혼란을 초래하고 평등 원칙을 해치게 될 우려가 있다. 따라서 소급입법은 개인의 자유와 권리를 회복하고, 사회 통합을 위해 필요한 경우에만 허용되어야 할 것이다. 또한 소급입법의 제정 목적을 신속하게 달성함으로써 국가 발전과 사회 통합에 장애가 되어서는 안 될 것이다.

넷째, 법치에 대한 근본적인 인식 전환이 필요하다. 법치의 핵심은 법에 의한 국가권력의 통치다. 결코 법에 의한 국민의 통치가 아니다. 흔히 법치 하면 준법정신을 떠올리고, 국민이 법을 지키는 것이라고 인식하지만 법치의 일차적 수범자는 국가권력이지, 국민이 아니다. 이 점을 명심하지 않으면 법치가 국가권력에 대한 통제장치가 아닌 국가권력의 폭력을 정당화하는 수단으로 이용될 위험이 있다.

국민은 국가권력과의 관계에서 주권자 주체인 동시에 국가권력에 의해 지배되는 객체이기도 하다. 국민은 주권자로서 국가권력에 최종적으로 정당성을 부여하며 권력 행사의 방법과 절차를 통제하면서도 국가권력의 대상으로 자유와 권리를 침해받을 수 있는 위험한 상황에 처하기도 한다. 주권자로서의 지위는 추상적이며, 국가권력의 객체라는 지위만이 현실에서 구체적으로 드러나기 때문이다. 그런 만큼 대한민국에서 법치는 오랫동안 국가권력에 대한 통제보다 국민에 대한 준법으로 강조되어 왔다.

예를 들어, 민사소송법 등에 따르면 민사재판은 심급마다 5개월 안에 선고해야 하고, 헌법재판은 사건을 접수한 날부터 180일 이내에 선고해야 하지만, 법원과 헌법재판소는 이 재판 기간을 훈시규정으로 해석해 지키지 않고 있다. 앞서 언급한 통합진보당 해산 심판을 비롯해 중요한 헌법재판은 1년 이상이 걸린 사례도 다수였다. 반면 같은 법률에서 항소기간의 경우 형사재판은 7일, 민사재판은 14일로 각각 규정하고 있는데, 법원은 이를 불변기간으로 해석해 당사자인 국민이 하루라도 기간을 도과하면 항소의 효력을 인정하지 않는다.

뿐만 아니라 헌법에서 국회는 회계년도 개시 30일 전까지 예산안을 의결해야 한다고 규정하고 있지만 국회는 대부분 이를 지키지 않고 있다. 이것은 명백한 헌법 위반이다. 같은 법률에서 규정하고 있는 기간에 대해 국가와 국민에게 다른 기준을 적용해 국가기관인 재판부가 위반하는 것은 용인하고, 국민이 위반하는 것만 제한하는 것은 법치의 의미를 명백하게 왜곡하는 것이다.

법치와 민주주의의 조화

국가권력은 국민주권을 이념적 기초로 하고, 법치국가의 실현으로 정당화될 수 있다. 하지만 법치는 민주주의라는 조건을 갖출 때 비로소 제대로 실현될 수 있다. 대한민국은 민주적 법치국가를 지향하므로 법치와 민주주의는 국가를 지탱하는 두 개의 축이라고 할 수 있다.

법치와 민주주의는 어떻게 다를까? 법치는 법에 의한 통치이며, 사람에 대한 불신을 전제로 한다. 사람을 대신해 법적 이성을 찾아 이를 기초로 국가공동체를 운영하는 것이다. 한편 민주주의는 주권자인 국민에 의한 통치이며, 최종적으로는 다수결에 따라 국가공동체의 정치적 의사를 결정하는 방식이다. 법치는 법적 이성의 지배를 의미하고, 민주주의는 사람에 대한 신뢰를 전제로 주권자인 다수의 사람에 의한 지배를 의미한다.

따라서 법치에서는 법적 이성을 발견하는 사법부의 기능이 강조되고, 민주주의에서는 주권자의 의사를 확인하는 입법부의 역할이 중요하다. 그리고 이러한 차이는 폭력을 배제하고 평화를 유지하는 방식에도 반영된다. 즉 법치는 다수의 지배에서 비롯되는 폭력으로부터 소수를 보호하는 역할을 하고, 민주주의는 소수의 지배에서 비롯되는 폭력으로부터 다수를 보호하는 기능을 담당한다.

그렇다면 법에 의한 통치를 의미하는 법치와 다수의 사람에 의한 통치를 의미하는 민주주의는 서로 모순되고 충돌되는 것일까? 법치와 민주주의 모두 모든 국민이 인간으로서의 존엄과 가치를 가지고, 자유롭고 평등하게 행복을 추구할 수 있는 국가공동체를 지향한다. 즉 법치와 민주주의 모두 국가권력의 행사를 정당화하는 근거가 되며, 국가권력을 통제하는 수단이 된다. 이렇듯 법치와 민주주의는 동일한 헌법적 이념을 실현하기 위해 서로 다른 방식의 실천적 수단과 방법을 강조하는 것에 불과하다.

따라서 법치와 민주주의는 서로 모순되고 충돌되는 것이 아니라 자신의 역할과 기능을 조화롭게 선순환시킴으로써 서로를 보완하는 관계다. 즉 법치와 민주주의는 실질적 법치주의와 자유민주주의를 통해 서로 융화되고 조화로운 관계를 형성한다. 또한 사회적 법치국가를 통해 개인의 자유와 사회의 정의 실현을 조화롭게 지향하는 것도 민주주의를 통해 법치를 보완하는 것이다.

그렇다면 구체적으로 법치와 민주주의는 어떻게 조화롭게 실현될 수 있을까? 국가는 주권자인 국민의 정치적 의사결정에 따라 운영되어야 하며, 국가기관은 민주적 정당성을 기반으로 권력을 행사해야 한다. 특히 국민의 대표기관인 국회는 다양한 이해관계를 조정해 가치 규범을 법률로 제정해야 하고, 이때는 민주주의에 기초해 이성적인 타협과 다수결의 방식에 따라야 한다. 다만 민주주의가 헌법적 한계를 벗어날 경우에는 법치를 통해 민주주의를 안정적으로 규율해야 한다.

이와 같이 국가는 일상적으로는 국민주권에 기초해 민주주의에 따라 운영되는 것이 바람직하다. 법치는 민주주의가 궤도를 이탈해 정상적으로 운영되지 못할 경우, 개입해 바로잡는 역할을 한다. 이때 법치는 민주적 정치 과정이 제대로 운영되도록 통제하는 것이므로 사법부의 책무가 중요하다. 헌법재판 역시 법치와 민주주의를 조화롭게 실현하기 위한 제도적 장치라고 할 수 있다.

그러나 민주주의에는 치명적인 약점 또한 있다. 국회는 법률을 제정할 때 민주주의를 기초로 삼지만, 다수결에 의한 결정인 민주주의는 그 내용이 옳다는 것을 담보할 수 없다. 따라서 민주주의가 제대로 작동하지 못해 그 법률이 헌법에 위반된 경우 헌법재판소는 헌법재판을 통해 이를 무효화할 수 있다. 탄핵심판 또한 법치와 민주주의의 조화를 이루는 사례라고 할 수 있다. 대통령 등의 고위 공직자가 헌법과 법률을 침해한 경우 국회는 민주주의에 기초해 탄핵소추를 하고, 최종적으로 헌법재판소는 법치에 입각한 탄핵심판을 통해 이들을 공직에서 파면한다.

이는 미국의 탄핵심판과는 대비된다. 미국은 탄핵소추는 하원에서, 탄핵심판은 상원에서 하는데, 의회가 모든 탄핵 절차를 담당하기에 민주주의에 따른 것으로 평가된다. 탄핵소추는 민주주의에, 탄핵심판은 법치에 따름으로써 법치와 민주주의를 조화롭게 실현하고 있는 우리와 비교되는 대목이다. 우리의 헌법재판은 민주주의와 법치주의를 조화시키면서 헌법의 이념을 실현하는 장치다. 이처럼 법치국가는 국민주권을 이념적 기초로 하고, 자유민주주의와 결합함으로써 완성된다고 할 수 있다.

위법과 불법은 무엇이 다른가?

법은 주권자인 국민이 약속으로 정한 규범이다. 이를 위반하는 경우에는 사회적 비난뿐만 아니라 법적 제재를 받게 된다. 이와 같이 법을 위반하고 침해한 행위를 위법 또는 불법이라고도 한다. 위법과 불법은 모두 법을 어긴다는 점에서 공통적이고, 일반적으로 혼용하기도 한다. 하지만 구체적인 의미는 사용하는 맥락에 따라 다르다.

위법과 불법은 구별 기준에서 차이가 있다. 위법은 법이 정한 사회적 가치에 반하는 점에 주목

하고, 불법은 법이 정하는 형식적 요건을 위반한 것에 주목한다. 개념적으로 위법은 합법에 대응하고, 불법은 적법에 대응한다. 사회적으로 반가치적 행위라도 법이 직접 규정하지 않으면 적법할 수 있고, 법이 불법으로 규정하더라도 사회적으로 반가치적 행위가 아닐 수도 있다. 형식적으로 법을 위반하지 않더라도 실질적으로 위법한 결과를 초래하는 경우도 있는데, 이를 탈법이라고 한다.

특히 위법과 불법은 개별법에서 다소 다르게 확정된다. 민법에서 위법은 법질서에 어긋나는 행위 전체로서의 넓은 개념으로, 이러한 위법행위 중 고의 혹은 과실로 타인에게 손해를 입혔을 경우 불법행위라고 한다. 즉 불법행위는 모두 위법행위지만, 위법행위가 모두 불법행위는 아니다. 민법에서는 법적 효과를 발생시키는 요건으로서의 '불법행위'를 특별히 설정하고 있는 것이다.

형법에서 위법은 행위와 법질서 사이의 전체적 관계에서 사회적 반가치성을 의미하며, 불법은 형법에서 금지하는 구체적인 위법행위 자체를 말한다. 즉 위법은 내용적, 불법은 형식적인 측면에서 각각 법률의 위반 여부를 따진다. 교통신호처럼 행정적 규제에 대해 국가가 불법이라는 형식적 요건을 규정해놓을 경우, 이를 위반하면 위법행위가 된다. 반면 살인처럼 사회적 반가치행위로서 위법한 경우는 형법에서 불법행위가 된다.

형법에서 범죄가 되기 위해서는 구성요건, 위법성, 책임성이라는 세 가지 요건을 갖추어야 한다. 구성요건이란 구체적 범죄 사실이 법률이 형사처벌하는 요건으로 정한 행위에 해당하는지, 위법성이란 구성요건에 해당하더라도 법질서의 평가에 의해 무가치한 것으로 인정되는지, 책임성이란 위법행위를 한 사람을 비난할 수 있는지를 말한다. 예를 들어, 살인의 경우에도 정당방위는 사람을 살해했다는 구성요건을 갖춘 불법행위지만, 위법성이 조각되어 위법행위는 아니게 된다. 위법행위라도 저항할 수 없는 폭력 등으로 강요된 행위에 대해서는 그 행위자가 적법행위를 할 것을 기대할 수 없어 책임이 조각된다.

3부

헌법 제2조 제1항
대한민국의 국민이 되는 ...
법률로 정한다.

우리는

자유민주적
기본질서를

따른다

자유민주주의

자유민주주의는 국민주권을 이념으로 하는 국가가 법치를 실현하기 위해 달성해야 하는 헌법적 가치다. 개인의 자유와 평등이 공동체의 발전에 이바지하고, 공동체의 이익이 개인의 행복에 기여할 때 국가는 건강해진다.

서로 다른 생각들이
공존하는 방식, 민주주의

민주주의의 화려한 부활

대한민국의 이념적 기초인 국민주권은 법치국가의 형식으로 실현되며, 자유민주주의를 통해 완성된다. 국가권력은 국민주권을 기초로 법치에 따라 행사되어야 하고, 자유민주주의를 실현함으로써 정당화된다. 이러한 자유민주주의는 자유주의와 민주주의가 결합한 것이며, 자유라는 가치에 의해 제한되는 민주주의라고 할 수도 있다.

자유란 무엇인지, 그리고 민주주의가 무엇인지를 말하는 것은 매우 어렵다. 사실 자유와 민주는 개념적으로나 역사적으로 완전히 이질적인 가치로, 동일한 기준으로 구별할 수 없고 층위 또한 달리한다. 따라서 자유주의와 민주주의는 서로 공통적인 가치를 지향하면서도, 현실에서는 서로 충돌하거나 적대적인 이데올로기로 작용할 수 있다.

헌법은 국민이 주권자라는 것을 명확하게 규정하고 있는 만큼, 최소한 헌법적으로는 명확한 결론을 제시하고 있다. 따라서 이를 현실 정치에서 어떻게 실현할 것인지가 중요하다. 법치국가의 개념이나 목적은 역사적 과정을 거치며 비교적 선명하게 수렴되어왔고, 헌법재판을 통해 법치를 실질화하는 제도적 장치도 마련되었다. 하지만 자유민주주의는 그 개념에서부터 관점에 따라 매우 다양한 스펙트럼이 존재하며, 다양한 세계관에 따라 이를 실현하는 방식과 내용도 천차만별이다.

여기에서는 대한민국이 지향하는 국가공동체의 가치인 자유민주주의를 헌법이라는 잣대로 살펴보고자 한다. 여기에서 헌법은 자유민주주의를 담는 그릇이라는 것을 전제로 한다. 한편으로는 헌법이라는 그릇이 너무 커서 자유민주주의가 잘 보이지 않을 수도 있고, 다른 한편으로는 헌법이라는 그릇이 너무 작아서 자유민주주의가 차고 넘쳐 보일 수도 있다. 하지만 분명 자유민주주의는 대한민국을 읽어내는 헌법적 가치다. 이제부터 이를 기초로 실현 가능한 제도적 방안을 모색하고자 한다.

민주주의란 주권자인 국민이 국가의 정치적 의사를 결정하고, 국가는 이를 기초로 권력을 행사하는 정치제도 또는 이를 지향하는 신념 체계다. 이는 서로 다른 생각과 생활 방식을 가진 사람들이 공존하는 국가공동체에서 공적 사항에 대해 단일한 정치적 의사를 결정하는 방식이다. 민주주의는 국민주권을 이념적 기초로 하며, 국민주권을 정치 현실에서 구체적으로 실현하고 조직하는 수단이기도 하다.

민주주의의 기원은 고대 그리스의 폴리스에서 유래한다. 민주주의democracy의 어원은 고대 그리스어의 '다수'를 의미하는 데모스demos와 '지배'를 의미하는 크라티아kratia의 합성어인 데모크라티아demokratia다. 즉 민주주의는 국정에 참여하는 주권자의 수를 기준으로 통치 형태를 구분하는 과정에서 탄생했으며, 1인의 왕정, 소수의 과두정에 대비된 다수의 민주정으로 이해되었다.

민주정은 고대 그리스에서 꽃을 피워 페르시아전쟁 이후 기원전 6세기경 페리클레스Perikles 시대 때 가장 번성했지만 펠로폰네소스전쟁 이후 곧 시들고 만다. 그러나 그리스의 민주정은 폴리스의 구성원 전체가 국정에 참여하는 민주주의는 아니었다. 참정권은 폴리스 시민권을 가진 사람들에게만 허용되었고 외국인, 여자, 노예는 제외되었다. 폴리스에서 직접 국정에 참여하는 사람들은 사실 다수가 아니라 극소수에 불과했다. 그러나 민주정은 당시의 정치 체제하에서는 대단히 혁명적인 통치 형태였다. 실력자인 왕이나 귀족이 권력 확장의 욕구를 억누르고 다수의 시민권을 가진 사람들이 국정에 참여해 정치적 의사를 결정하도록 한 것은 이전에 정치체제와는 다른 것이었다.

이러한 민주주의는 다수의 의사에 따르는 만큼, 국정을 안정적으로 운영할 수 있다는 장점을 가지고 있으나 치명적인 약점 또한 가진다. 플라톤이 철인정치를 외쳤던 것처럼 우매한 대중이 국가를 다스리는 것은 매우 위험할 수 있다. 다수의 의견은 항상 옳은 것이 아니고, 소수의 정치인이나 여론에 의해 왜곡될 수도 있다. 소크라테스를 처형한 것도 다수의 민주정치였고, 나치가 권력을 장악한 것도 민주주의를 통해서였다. 히틀러가 정권을 장악하고 저지른 만행은 민주주의 원칙에 따라 행해진 것들이었다. 당시 독일의 바이마르 헌법은 대의제와 직접민주제를 모두 인정하고 있었다. 나치는 이러한 민주적 제도를 통해 정권을 장악했고 민주적 절차에 따라 제정된 악법을 통해 반인류적 범죄를 자행할 수 있었다.

제2차 세계대전에서 패배한 이후 서독은 바이마르 헌법과 나치의 악용을 교훈 삼아 철저하게 대의제를 채택하고 직접민주제를 없애버렸다. 1949년에 제정된 기본법에는 국민이 하원 의원 선거에 참여할 수 있는 것 외에 정치적 의사를 제도적으로 직접 반영할 수 있는 장치는 전혀 없다.

오늘날 민주주의는 그리스에서 소멸한 민주주의가 영국에 의해 근대에 새로 부활한 개념이다. 스스로를 국민의 대표라 자처한 의회가 그들의 대표로 구성한 내각은 실질적으로 과두정이라고 할 수 있다. 그러나 이후 선거법의 개정과 참정권의 확대에 따라 점차 대중민주주의가 확립되었고, 이러한 민주주의가 세계적으로 확대되어 오늘날과 같은 민주주의가 자리 잡게 된 것이다.

이러한 근대 민주국가의 형성에는 로마공화정의 그림자가 드리워져 있다. 로마공화정은 역사적 현실에 기초한다는 점에서 훌륭한 정치체제라고 할 수 있다. 당시 로마공화정은 1인의 왕, 소수의 귀족, 다수의 평민 중 하나의 주체에게 권력을 전속시킨 것이 아니라 모두에게 나누는 절충적인 통치 형태를 만들었다. 즉 왕정, 귀족정치, 민주정치를 혼합해 왕에 해당하는 집정관, 소수 귀족의 결합체에 해당하는 원로원, 다수 민중의 대표로서의 민회에 적절히 권력을 나누었던 것이다. 이에 따라 로마공화정은 500여 년 동안 안정적으로 지속될 수 있었고, 이러한 기능은 로마 제국에서도 계속되었다.

영국의 의원내각제는 로마공화정을 모델로 왕, 귀족의 상원, 평민의 하원을 구성해 권력을 분유했다. 18세기 미국이 영국의 식민지에서 벗어나 새로운 독립국가를 만들 때도 마찬가지였다. 미국의 대통령, 상원, 하원 역시 로마공화정의 집정관, 원로원, 민회를 참고한 것으로 이해할 수 있다. 역사적 발전에 따라 자연스러운 근대국가의 통치 형태로 자리 잡은 영국의 의원내각제, 당시로서는 매우 독특한 통치체제였던 미국의 대통령제 모두 로마공화정의 영향을 받은 것으로 평가할 수 있다.

이처럼 민주주의는 현대국가에서 화려하게 부활해 최고의 헌법원리로 인식되고 있다. 하지만 개인은 국가가 언제든지 폭력적으로 변할 수 있다는 경계를 늦추어서는 안 된다. 국민주권이나 법치와 마찬가지로 민주주의 역시 민주주의의 이름으로 폭력을 행사할 위험이 있다. 국가권력이 폭력적으로 행사될 때 개인이 받는 피해는 어마어마하다. 따라서 국가권력은 절차적으로나 내용적으로 정당화되어야 하며, 남용되었을 때 사전적으로나 사후적으로 책임을 추궁할 수 있는 제도적 장치 또한 마련되어야 한다. 이러한 정당화 요소는 국민주권과 법치국가는 물론 자유민주주의를 실현하는 과정에서도 반드시 갖추어져야 한다.

우리는 통치자인 동시에 피통치자다

주권자인 국민들은 저마다 서로 다른 정치적 의사를 가질 수 있다. 사회적 존재로서의 국민이 살아가는 밀실이라는 사적 영역과 광장이라는 공적 영역은 획일화해서 구분하기 어렵지만, 자연적 존재로서의 나와 사회적인 존재로서의 나는 분명 다른 차원에서 살아간다. 이때 민주주의는 공적 영역에서 단일한 국가의사를 도출해야 할 경우에 그 정치적 의사를 결정하는 방식이다. 국가는 사적 영역과 공적 영역에서 그 기능과 역할을 다르게 작동해야 한다.

개인이 사적 영역인 밀실에서 자신의 사적 사항을 결정하는 것은 국가의 단일한 정치적 의사로 도출될 필요가 없다. 이때는 개인의 취향이나 가치관에 따라 각자의 자율적 선택과 결정을 존중하면 그것으로 충분하다. 국가가 사적 영역의 사안에 대해 민주주의를 적용하고 후견적 입장에서 단일한 의사를 결정하는 것은 개인의 의사를 억압하고 전체주의를 초래하기 쉽다. 이는 다수의 소수에 대한 폭력적 지배로 귀결되어 개인의 자유를 말살할 위험이 있다.

그렇다면 주권자인 국민은 어떤 방식으로 정치적 의사를 결정할까? 국민주권은 추상적이며 관념적이어서 주권자의 진정한 의사가 무엇이고 이를 어떻게 확인할 것인지에 대한 구체적인 내용과 행사 방법은 추정될 수밖에 없다. 이때 국민의 정치적 의사를 인식하고 조직하는 과정에서 어떤 행위를 국가의 행동으로 볼 것인지가 중요하다. 따라서 국민의 정치적 의사를 확인하는 제도적 장치를 마련할 필요가 있고, 헌법은 국가기관의 권한을 배분하는 방식을 규정해 이를 정하고 있다. 이처럼 현대국가 대부분은 간접민주제인 대의제를 원칙으로 하고, 직접민주제는 예외적으로만 허용하고 있다.

민주주의의 '민주民主'는 한자 의미에서처럼 본래 국민이 국가의 주인이라는 것에 기초하고 있다. 주권자인 국민이 국가의 정치적 의사를 결정해야 하며, 국가의 정치적 의사 결정과 권력 행사는 민주주의에 의해 정당성을 획득한다. 민주주의는 주권자인 국민이 통치자이자 피통치자라는 '동일성의 원리'를 통해 자기지배를 실현한다. 즉 주권자인 국민이 공적 사항에 대해 결정한 경우 자신도 그러한 결정에 복종해야 한다는 것이다. 이것이 주권자의 자기지배다.

민주주의를 통해 도출된 국가의 단일한 정치적 의사결정이 서로 다른 생각을 가진 국민 전체에게 적용될 수 있는 이유는 민주주의가 절차적 정당성을 갖기 때문이다. 민주주의는 다양한 가치관과 세계관을 존중하고 이를 전제로 운영되므로 가치중립적인 성격이 강하다. 즉 국가의 정치적 의사결정은 내용이 아니라 절차와 방식이 중요하다는 것이다. 국가를 운영하고 정치를 실천하는 과정에는 서로 다른 정치적 의견과 이해관계가 다양하게 존재한다. 민주주의가 안정적으로 실천될 수 있도록 하는 형식인 법치국가도 서로 다른 생각과 행동양식이 공존할 수 있도록 하는 국가공동체를 전제하고 있다. 건강한 국가는 개인들의 다양한 가치와 이해관계가 평화롭게 공존해야 이루어진다.

따라서 주권자의 자기지배가 정당성을 갖기 위해서는

의사결정의 주체인 국민이 자율적인 인간이라는 조건이 충족되어야 한다. 국가의 정치적 의사를 결정하는 국민이 자율성을 가질 때 자기지배는 성립된다. 국민이 국가권력의 폭력에 지배되어 자율적인 선택과 결정을 할 수 없는 경우 국민의 정치적 의사결정은 정당화될 수 없다. 이를 위해 민주주의에서는 국민이 현실적으로 가지고 있는 다양한 의견과 이해관계를 자율적이고 평등하게 소통하고, 합의를 통해 단일한 의사로 수렴할 수 있는 제도적 장치를 마련하는 것이 매우 중요하다. 이때 개인이 투명하게 공개된 의사결정 과정을 통해 자유롭게 의사결정에 참여할 수 있어야 자신의 의견이 받아들여지지 않았더라도 승복할 수 있으며, 비로소 자기지배가 성립된다.

현대국가의 정부 형태의 모델인 의원내각제와 대통령제는 모두 국민주권주의와 민주주의에 기초하고 있다. 하지만 양자는 민주적 정당성을 확보하는 자기지배의 방식에 차이가 있다. 의원내각제는 일원적으로 민주적 정당성을 확보한다. 주권자인 국민은 대표자인 의회를 구성하고, 의회의 다수파가 내각을 만들어 행정을 한다. 민주적 정당성의 축이 하나인 것이다. 내각의 권한은 의회로부터 비롯되므로 의회는 내각을 불신임할 수가 있다. 그리고 의회의 권한은 주권자인 국민에게 비롯된다.

그러나 대통령제는 이원적으로 민주적 정당성을 확보한다. 주권자인 국민은 국회의원을 선출해 의회를 구성할 뿐만 아니라 대통령도 직접 선출한다. 의회와 대통령은 권한이 모두 국민으로부터 나오지만 각각 다른 절차로 구성되므로 엄격히 분립된다. 대통령은 의회로부터 독립적으로 내각을 구성해 임기 동안 집행권을 행사하고 국민에 대해 직접 책임을 진다. 의회는 내각을 불신임할 수가 없다.

국가의 정치적 의사결정에서는 절대적 진리가 선험적으로 인정되는 것이 아니라 사안에 따라 국민의 다양한 가치와 이해관계가 개방적으로 경쟁되어야 한다. 즉 대화와 타협, 논리적인 설득과 같은 합리적인 방법으로 조정되고 수렴되어 하나의 정치적 의사로 도출되어야 할 것이다. 이러한 제도적 장치가 마련되고 제대로 운영될 때 국가의 단일한 정치적 의사결정이 비로소 모든 국민에게 적용될 수 있다.

이처럼 국가권력이 개인의 자유와 권리를 제한하는 경우 주권자가 이에 따르는 것은, 주권자인 국민이 스스로 결정하고 약속했다는 자기지배의 원리에 의해서 가능하다.

민주주의가 정당화될 수 있는 근거는 여기에 있다. 공적 영역에서 민주주의에 의해 국정에 대한 단일한 의사결정이 이루어졌다면 소수자는 의견을 달리하더라도 자기지배의 원리에 따라 이를 수용한다. 주권자인 국민은 헌법을 제정하고, 헌법을 통해 국가기관에 권한을 부여하고 국가권력의 행사에 관한 절차와 방식을 규정한다. 국가권력은 폭력적인 속성을 가지지만, 헌법에 따라 국민에게 행사될 때 정당화된다. 이와 같이 민주주의는 국민주권이 정당화되기 위해 절차적 측면에서 요구되는 헌법원리다.

개인의 자유와 기회의 균등

민주주의의 근거인 자율적 인간의 자기지배는 국가권력의 행사를 절차적으로 정당화할 뿐, 내용적 측면과 통제적 측면의 근거를 충족시키지는 못한다. 따라서 민주주의는 내용적으로 선한 가치를 추구해야 하고, 권력 행사에 대해 책임을 물을 수 있는 제도적 장치도 갖추어야 한다. 민주주의는 국가의 단일한 정치적 의사를 결정하는 방식이므로 그 자체가 선한 가치나 옳은 결정을 담보하지는 않기 때문이다. 주권자인 국민의 전체의사나 다수결에 따른 결정이 절차적으로는 민주주의에 부합할지 몰라도, 그 내용과 결정은 헌법적 가치를 침해할 수도 있다.

국민주권이 헌법적 가치라고 해도, 사람들의 집단인 국민은 전적으로 신뢰할 수 없으며 오류를 범할 가능성도 있다. 이러한 민주주의가 내용적 측면에서 정당화되는 것은 개인의 자유와 권리를 보호하는 수단이기 때문이다. 민주주의는 국민주권을 이념적 기초로 하고, 국민주권은 개인의 자유와 권리를 보장하는 것을 목적으로 한다. 국민이 주권자이므로 국가권력은 개인의 자유와 권리를 제한할 수는 있으나 침해할 수는 없다.

헌법은 주권자인 국민에 의해 제정되어, 인간의 존엄과 가치를 존중하고 개인의 자유와 권리를 보장하는 것을 목적으로 한다. 민주주의 역시 헌법적 가치에 종속되므로 인간의 존엄과 가치를 실현하고 개인의 자유와 권리를 보호하는 수단으로 기능해야 한다. 자율적 인간의 자기지배가 실현되기 위해 국민은 외부의 부당한 간섭이나 폭력이 없는 상태에서 자유롭게 자신의 의사를 결정할 수 있어야 한다. 국가는 다양한 의견과 이해관계를 가진 국민들이 정치적 의사를 형성하는 과정에서 자유롭고 평등하게 참여할 수 있도록 보장하고, 이러한 과정은 투명하게 공개되어 다양한 의견들이 개방적으로 경쟁할 수 있도록 해야 한다.

이를 위해 국가는 선거권과 공무담임권, 언론·출판의 자유, 집회·결사의 자유 등 정치적 기본권을 보장해야 한다. 또한 자유로운 개인이 공정하게 소통하면서 국정에 참여할 수 있는 다양한 통로를 만들어 제공해야 한다. 이와 같이 국민의사가 왜곡 없이 국정에 반영될 수 있는 제도적 장치가 마련되어야 자율적 인간의 자기지배가 실현될 수 있다.

이때 국민의 정치적 의사는 공정한 과정을 거쳐 공론화되어야 한다. 모든 국민이 국정에 참여해 정치적 의사를 표현할 수 있는 기회가 평등하게 보장되어야 하는 것이다. 자유로운 개인이 평등하게 국정에 참여할 수 있어야 국민의 주권적 의사가 왜곡되지 않고 반영될 수 있다.

따라서 대의제에서 선거제도와 정당제도를 올바르게 운영해 국민의 주권적 의사가 자유롭고 평등하게 반영될 수 있도록 해야 한다. 또한 국민주권을 실질화하기 위해 국민이 국정에 참여할 수 있는 기회를 실질적이고 평등하게 보장해야 한다. 이를 두고 흔히 법치에서는 자유가 강조되고, 민주주의에서는 평등이 중요하다고 한다.

사람은 본능적으로 타자의 시선을 통해 타자와 비교하며 자신의 존재의미를 확인한다. 사회적 존재로서 스스로를 인식하기보다 타자의 시선에 드러나는 자신의 모습에서 의미를 찾는 것이다. 그리고 자신을 타자와 비교할 때 불이익하게 차별되지 않고 평등하게 대우받을 것을 기대한다. 따라서 자율적 인간의 자기지배에서는 자유만큼 평등이 필수적인 요소이며, 이는 개인이 다수결의 결과를 수용하고 그에 대해 책임감을 느끼기 위해서도 요구된다.

다만, 여기에서의 평등이란 국민을 모든 면에서 형식적으로 동일하게 취급해야 한다는 의미가 아니다. 자인의 관점에서 사람은 모두 평등하지 않고, 평등할 수도 없다. 졸렌의 관점에서도 모든 경우에 사람을 동일하게 대우해서는 안 될 때도 있다. 형식적으로 동일하게 대우할 경우 실질적으로 불평등하게 차별하는 결과가 일어날 때도 있다. 헌법에서 이야기하는 평등은 모든 면의 형식적 평등이 아니라 특정한 측면에서의 평등을 말한다.

선거권에 따라 만 18세 이상이라면 누구든지 동일하게 1인 1표의 투표권을 부여받고 이를 행사할 수 있다. 또한 이러한 권리를 침해당했을 경우 누구나 재판청구권과 변호인을 선임할 권리를 가진다. 이와 같이 평등은 일정한 상황과 조건에서, 그와 관련된 특정한 관점에 따라 동등하게 취급해야 한다는 것을 의미한다. 이러한 의미에서 헌법은 실제로 사람은 동등하지 않다는 것을 전제로 일정한 측면에서 평등해야 한다는 것을 선언한 것이라고 할 수 있다.

다수의 선택이 최선은 아니다

민주주의는 다양한 이해관계를 가진 사람들이 자유롭고 평등하게 정치 과정에 참여함으로써, 국가의사를 결정하는 것을 보장해야 한다. 이때 국민의 의견은 동일할 수 없기에, 이성적 타협을 거쳐 국가의사를 결정한다. 즉 민주주의는 가치 상대주의를 전제로 다원적인 정치적 의사를 수렴해 단일한 의사를 도출하는, 다수결의 원리에 기초한다.

다수결의 원리는 주권자인 국민의 의견이 서로 대립될 경우 다수의 의견을 채택하는 것이다. 때문에 자유롭고 평등한 개인들이라고 하더라도 의견이 대립될 때는 소수가 다수에 복종해야 한다. 이러한 논리의 근거로는 다수가 우월한 힘을 가지기 때문이라거나, 국가공동체를 구성할 때부터 다수결의 원칙을 사회적으로 합의했거나 묵시적으로 동의했기 때문이라는 등 다양한 견해가 있다. 그러나 민주주의에서 다수결의 원리를 채택하는 이유는 무엇보다 이성을 가진 인간은 대화와 토론을 통해 다수가 합리적인 결정을 할 가능성이 크다는 것을 전제하고 있기 때문이다. 다수의 의견이 인간의 존엄과 가치를 실현하는 자유와 평등을 보다 잘 실현할 수 있기 때문이다.

그러나 민주주의에서 다수결의 원리가 인정되는 경우에도, 소수가 존재하는 한 그 선택은 최선이 아니라는 것을 명심해야 한다. 국가의 정치적 의사를 하나로 결정한다는 것은 다양한 가치관과 이해관계를 가진 국민의 의사가 다수결에 의해 획일화되는 것이다. 국민주권이 완전하게 실현되려면 마지막 한 사람까지 설득해서 만장일치를 이루어야 하지만 이는 불가능하다. 이러한 민주주의는 소수의 입장에서는 자신의 의사에 반하는 결정이 내려지므로 본질적으로 폭력적이다. 따라서 다수결의 원리가 인간의 존엄과 가치 및 행복을 추구할 권리를 보장하는 민주주의 원리로 정당화되기 위해서는 몇 가지 조건을 갖추어야 한다.

첫째, 정치적 의사결정에 참여하는 구성원 모두가 다수결의 원리를 채택하는 것에 명시적으로 합의하거나, 최소한 합의한 것으로 신뢰할 수 있는 묵시적 동의가 있어야 한다. 다수결에 참여하는 사람들은 평등한 지위에서 동등한 상황에 처해 있는 집단적 동질성을 갖추고 있어야 한다. 이질적이며 평등하지 않은 집단에서는 소통하고 타협할 여지가 없으며, 소수자는 다수결에도 승복하지 않게 된다.

둘째, 국가의 정치적 의사를 결정해야 할 특정한 사안에 대해서는 서로 다른 의견과 이해관계를 가진 다원적 집단을 바탕으로 다양한 의사결정의 가능성을 열어두어야 한다. 민주주의는 상대적 다원주의와 가치 상대주의를 전제로 하므로 특정한 결론이 언제나 옳다고 인정되지 않는다. 이미 특정한 결론을 내린 후 이를 정당화하기 위해 형식적으로 다수결의 원리를 채택하는 것은 민주주의가 아니다.

셋째, 정치적 의사를 결정하는 과정에서는 이성적인 대화와 토론, 논리적 설득, 그리고 타협하고 양보하는 합리적 절차가 보장되어야 한다. 합리적 의사소통을 위해서는 사용하는 언어가 통일되어야 하고, 거짓 없이 진실되어야 하며, 자신의 의견을 바꿀 수 있는 여지, 즉 다른 의견을 수용할 여유를 가지고 있어야 한다. 특히 소수자들이 의사결정의 과정에 공정하게 참여할 수 있도록 보장해야 하고, 다수결이 소수자를 설득할 수 있는 논리도 갖추어야 한다. 이때 국가는 합리적 의사소통을 위한 제도를 마련해야 한다.

넷째, 다수결의 결과는 법적 이념과 목적에 부합함으로써 내용적 정당성을 확보해야 한다. 다수결을 통해 도출한 정치적 의사결정이 개인의 자유와 권리를 침해하거나 사회적 정의를 해치는 내용이어서는 안 된다. 다수의 의견이라도 개인과 국가를 모두 파멸로 이끌 수도 있고, 이는 인류가 역사적으로 경험하기도 했다. 다수의 의견이 언제나 옳은 것은 아니기에 개인의 자유와 사회적 정의를 해치지 않도록 유의해야 한다.

다수결에 따른다는 것은 소수에게는 폭력적일 수 있으므로 소수의 입장 또한 존중해야 한다는 것은 결코 잊어서는 안 된다. 이는 다수결에 의해 의사결정은 하면서도 부분적으로 소수의 의견을 반영해야 한다는 타협의 차원이 아니다. 다수는 소수가 될 수 있고, 소수도 다수가 될 수 있다는 가능성을 인정할 때만 다수결은 정당화될 수 있다.

일정한 사안에서는 소수지만, 다른 사안에서는 다수가 될 수 있고, 현재는 소수지만 나중에는 다수가 될 수 있어야 한다. 그래야만 다수는 소수가 될 수 있으므로 소수의 의견을 존중하려 할 것이고, 소수는 다수가 될 수 있는 희망을 바탕으로 다수에 승복하게 될 것이다. 이는 대한민국의 정치 현실에서 반드시 개선해야 할 구조적 문제점이라고 할 수 있다. 우리는 그동안 권력을 장악한 다수가 그 지배를 구조화하려는 시도를 역사 속에서 여러 번 목격해왔다. 소수에 대한 존중 없이는 다수가 소수를 폭력적으로 지배하는 전체주의가 구조적으로 계속될 위험이 있다.

다수결의 원리는 이러한 한계 때문에 다음과 같은 영역에서는 이를 적용할 수 없다.

첫째, 이미 객관적인 진리로 확인된 사실이나 다툼의 여지가 없는 헌법적 가치와 같이 선택 가능성이 없는 경우다. 다수결의 원리는 기본적으로 선택 가능성이 있어야 한다. 예를 들어, 헌법에서 규정하는 대통령의 임기를 국회가 다수결로 바꾸는 법률은 제정될 수 없다. 헌법이 직접 규정하고 있거나 해석을 통해 명확하게 도출되는 요건과 효과에 대해서는 다수결의 원리를 적용해서 법률의 형식으로 결정해서는 안 된다.

둘째, 고도의 전문적 지식이나 기술이 필요해 전문가적 식견에 따라 판단하고 결정해야 하는 경우다. 과학기술의 적용, 법적 분쟁에서 요건 사실의 확인, 의료적 조치 등에 관한 사항에서는 해당 전문가의 관점에서 해결 방안을 모색해야 한다. 헌법은 제31조에서 교육의 자주성과 전문성, 정치적 중립성, 그리고 대학의 자율성을 보장하고 있다. 교육제도는 국가의 미래를 결정하는 중요한 사안이므로 공론화를 통해 소통하고 국민 전체의 의사를 확인하는 것이 필요하다. 하지만 교육에 관한 사항은 단순히 다수의 의견을 반영할 것이 아니라 국가철학과 전문가적 식견에 따라 결정되어야 하므로 교육에 관한 기본적인 사항에 대해서는 교육 전문가의 자주적 의견을 존중하고 정치적으로 이용되지 않도록 해야 한다.

셋째, 사적 영역에서 개인의 자율적 선택과 결정을 보장해야 하는 경우다. 앞서 말했듯이 다수결의 원리는 공적 영역에서 단일한 의사결정이 필요한 경우에 한해 적용해야 한다. 사적 영역인 밀실에서 이루어지는 종교와 같이 개인의 취향, 기호, 가치관 등 개인의 고유한 자율성이 보장되어야 하는 사항에 대해서는 이를 그대로 존중해야 한다. 이러한 사항에 다수결을 적용해 단일한 의사를 도출하는 것은 개인의 자유를 본질적으로 침해하는 것이다.

개인이 욕망하는
본질적 가치, 자유

사회적 존재를 위한 자유

'자유自由'는 한자의 표현에서 알 수 있듯이 스스로 말미암는 것으로, 외부가 아닌 내부로부터 변화를 시작하는 것을 말한다. 즉 자유란 '개인이 자신이 원하는 것을 외부의 간섭 없이 선택할 수 있는 힘'이라고 정의할 수 있다.

　인간이 자유를 추구하는 것은 본능적 욕망이다. 이것이 졸렌의 세계, 즉 규범적 영역에서는 권력의 쟁취, 유지, 그리고 확장의 욕망으로 나타나며, 자유가 있을 때만 충족될 수 있다. 그러나 인간이 이러한 본능적 욕망을 가진다는 것은 사실의 차원일 뿐, 이를 추구하는 것까지 정당화해주지는 않는다. 사실적 명제가 규범적 명제를 스스로 정당화하지는 않기 때문이다. 인간이 본능적 욕망을 추구하는 것이 정당화되는 것은 자신의 행복을 실현시키는 데 도움이 되기 때문이다. 따라서 자유는 그 자체로 인간이 추구하는 목적일 뿐만 아니라 행복을 실현하기 위한 수단이기도 하다.

자유가 인간의 본능이며 행복을 증진시킨다는 인식은 자유를 바라보는 관점에서 중요한 의미를 지닌다. 자유를 추구하는 것은 도덕적 가치를 지닌 보편적 원리가 되며, 자유를 위해 싸우는 것은 숭고하고 가치 있는 행동이 되기 때문이다. 반대로 개인의 자유를 억압하는 것은 비정상적이고 부자연스러우며, 비도덕적이며 무가치한 것으로 평가된다.

대한민국 헌법은 제10조에서 모든 국민은 인간으로서의 존엄과 가치, 행복추구권을 가진다고 규정한다. 또한 국가는 개인이 가지는 불가침의 기본적 인권을 확인 및 보장할 의무를 진다고 덧붙인다. 이처럼 인간은 존엄하고 가치 있는 존재이며, 행복을 추구할 권리를 갖는다는 것은 헌법의 핵심적 가치로, 최고의 규범력을 갖는다.

인간의 자유가 도덕적 가치를 갖는다는 것은 인간이 존엄하고 가치로운 존재라는 것을 전제로 한다. 하지만 자연적 존재로서 인간은 존엄하지도, 가치 있지도 않은 존재라고 느낄 수 있다. 헌법은 인간 본성과 행동에 악마성과 부조리가 있더라도 인간은 존엄하고 가치 있는 존재라고 선언한다. 정말 인간은 존엄하고 가치로운 존재일까?

모든 인간은 다르다. 결코 같을 수 없다. 이 점은 모든 인간에게 동일하게 적용된다. 인간은 서로 다르기에 서로에게 존엄하고 가치 있는 존재가 될 수 있다. 사회적 존재인 인간은 서로 다른 사람을 존엄하고 가치 있게 인식할 때만 자신도 존엄하고 가치 있는 존재로 인식될 수 있다. 서로 다른 생각과 행동양식이 공존할 수 있을 때 비로소 개인도 국가도 유지될 수 있기 때문이다.

헌법이 자유의 주체로 상정하고 있는 인간은 타인과 관계를 단절한 상태에 있는 고립된 개개인이 아니다. 자율성과 개성을 상실한 채 국가공동체라는 유기체를 구성하는 부속품도 아니다. 인간은 사적 영역에서 자신의 의지를 선택하고 그에 따라 행동할 수 있는 자연적 존재인 동시에, 공적 영역에서 국가공동체의 구성원으로서 타인과 사회, 그리고 국가공동체와 유기적인 관계를 맺는 인격적 존재다.

개인의 자유는 근대에 이르러 종교개혁을 통해 인간을 재발견하고 봉건적 신분 질서가 철폐되면서 비로소 인식된 근대적인 개념이다. 그리고 이는 영국, 프랑스, 미국에서 발생한 시민혁명을 통해 정치적 개념으로 자리 잡았다. 근대 자유주의는 자연상태를 전제로 자유를 이야기했지만 사람은 사회적 존재인 만큼 언제나 타인과 관계 속에서 살아간다. 자연적 존재인 사람人과 달리, 인간人間은 사회적 존재이며, 개별적인 인간을 뜻하는 개인個人 또한 사회적 존재일 수밖에 없다. 즉 인간이란 한자 의미 자체로도 다른 사람들과 함께 살아가는 존재라는 함의를 품고 있다.

세상에 홀로 존재하거나 타자와 관계를 맺지 않고 살아간다면 자유는 아무 의미를 지니지 못한다. 처음부터 외부의 간섭이란 발생할 수 없기 때문이다. 나 이외의 모든 사람은 타자로 존재하며, 나 또한 타자에게 타자로 관계한다. 이처럼 자유는 인간이 사회적으로 존재할 때만 의미가 있다. 바로 여기에서 자유의 한계가 발생한다.

자유는 어떻게 발전되었는가

자유의 개념은 국가의 역할과 그 범위를 둘러싸고 역사적으로 다음과 같이 구분하고 이해되면서 발전했다.

첫째, 소극적 자유와 적극적 자유다. 역사적으로는 소극

적 자유에서 적극적 자유로 변화해왔다고 할 수 있다. 소극
적 자유는 외부의 간섭을 받지 않고 자기의 뜻대로 행동할
수 있는 상태이며, '~로부터의 자유'라고 할 수 있다. 이는
홉스, 로크, 존 스튜어트 밀John Stuart Mill 등 고전적 자유주의
자들에 의해 체계화되었으며, 근대 시민혁명의 사상적 기
초가 되었다. 현대에는 프리드리히 하이에크Friedrich Hayek를
비롯한 학자들이 이를 이어받고 있다.

이는 경제적 영역에서 극명하게 드러난다. 애덤 스미스
Adam Smith는 『국부론The Wealth of Nations』에서 '보이지 않는 손'으
로 국가의 경제를 부강하게 한다는 자유시장경제의 방임
을 말하면서 경제 영역에서는 국가가 개입하지 말 것을 주
장했다. 그러나 경제질서를 개인의 자유와 사적 자치에 맡
겨놓자, 자본주의의 모순과 자유시장경제질서의 문제점으
로 공동체는 붕괴되기에 이른다. 개인들도 부익부 빈익빈
에 따라 소수의 자본가만 자유를 누리고, 다수의 노동자들
은 자유를 상실하게 되는 결과를 초래하게 되었다. 결국 대
부분의 사람들이 부자유하고 불평등한 현실에서 적극적
자유의 필요성이 제기되기 시작했다.

적극적 자유란 자율적으로 선택하고 결정할 수 있는 실

질적인 능력이며, '~할 자유'로 표현할 수 있다. 이때 자유는 사회 내에서 타인과 함께 자신이 원하는 것을 실현할 수 있는 적극적인 능력이다. 19세기 후반 토머스 그린Thomas Green, 레너드 홉하우스Leonard Hobhouse 등의 신자유주의자들은 국가 등 외부의 간섭을 배제하는 것뿐만 아니라 자유에 장애가 되는 불합리한 여건이나 환경, 법제도 등을 개선해야 한다고 주장했다.

이때 유념해야 할 점은 적극적 자유란 근대적 자유의 한계를 극복하기 위해 제시된 것일 뿐 소극적 자유를 반대하는 것이 아니라는 것이다. 또한 소극적 자유와 적극적 자유는 명확하게 구별하기 어려운 것도 사실이다. 외부의 간섭이나 장애의 개념에 타인의 간섭만 포함되는지, 타고난 능력, 자연 자원의 부족, 법제도의 미비 등도 포함되는지에 따라 달리 판단할 수 있기 때문이다.

그렇다고 소극적 자유를 형식적 자유로, 적극적 자유를 실질적 자유로 이원화할 수도 없다. 적극적 자유는 개인이 합리적으로 결정하고 자율적으로 행동할 수 있는 이성적 존재라는 것을 전제로 하지만, 이는 계몽주의의 신화에 불과하다. 오히려 적극적 자유는 특정한 민족이나 국가가 자유의 이름으로 개인을 폭력적으로 지배하는 것을 정당화하는 이데올로기로 이용될 위험이 있다.

인간의 존엄과 가치가 존중되고 개인과 공동체가 선순환적으로 발전하기 위해서는 소극적 자유와 적극적 자유가 변증적으로 서로를 극복해야 한다. 개인의 자유가 실질적으로 보장되기 위해서는 소극적 자유를 필요조건, 적극적 자유를 충분조건으로 이해해야 한다. 개인이 자유롭기 위해서는 국가 등 외부 간섭이나 장애가 없어야 할 뿐만 아니라, 자신의 의지에 따라 선택하고 행동할 수 있는 실질적 조건을 적극 뒷받침해줄 제도 또한 마련되어야 한다.

둘째, 정치적 자유와 경제적 자유다. 이는 인간의 생활 영역을 정치 영역과 경제 영역으로 구분하는 것에 대응한다. 이때 정치적 자유를 공적 자유로, 경제적 자유를 사적 자유로 이해하기도 한다. 앞서 설명했듯이 아리스토텔레스는 삶의 목적인 행복을 위해서는 공적 영역인 폴리스와 사적 영역인 오이코스가 조화를 이루어야 한다고 했다. 이때 사적 영역인 오이코스가 경제 영역을 의미하며, 폴리스는 국가공동체를 통해, 그리고 오이코스는 개인의 자유를 통해 비로소 조화를 이룬다.

정치적 자유는 공적 자유로서 민주주의가 엄격하게 적용된다. 공적 영역에서는 단일한 의사결정이 필요하므로 개인의 자유에 맡길 수만은 없다. 국가의 구성원에게 평등한 자유를 보장해야 하고, 1인 1표로 대표되는 평등한 정치 참여를 보장해야 한다. 이때 공적 영역에서 단일한 정치적 의사를 도출하기 위해서는 다수결의 원칙에 따라야 하며, 이때 국가는 적극적인 역할과 기능을 담당한다.

경제적 자유는 사적 자유로서 법치국가에 의해 규율된다. 사적 영역에서는 반드시 단일한 의사결정이 필요하지 않고, 개인의 의지에 따라 선택하고 결정하는 것이 허용된다. 따라서 정치적 자유에 비해 형식적인 평등을 엄격하게 적용하지 않고 최소한의 기회균등과 실질적 평등을 실현하는 것이 중요하다. 이때 국가는 개인의 자유가 침해받지 않도록 사적 영역에 지나치게 간섭하지 말아야 한다.

정치적 자유와 경제적 자유는 그 자유를 보장하고 규율하는 기본적 원리가 다르지만, 현대사회에서는 명확히 구분 짓기 어려운 것이 사실이다. 인간의 생활 영역은 정치와 경제뿐만 아니라 사회나 문화 등 복잡 다양한 영역에 얽혀 있는 만큼, 공적 영역과 사적 영역의 구분 자체가 쉽지 않다. 자유는 공적 영역에서는 정치적 자유의 모습으로, 사적 영역에서는 경제적 자유의 모습으로 나타나므로 동일한 자유의 두 가지 다른 측면으로 이해하는 것이 바람직하다.

셋째, 개인적 자유와 공동체적 자유다. 근대적 자유는 외부의 간섭이 없는 개인적 자유에서 시작되었다. 개인적 자유는 개인을 자유의 주체로 인정하고, 사적 영역에서 경제적 자유를 보장하는 것이 중요하다. 이를 자유주의적 자유라고도 한다. 개인적 자유가 보장됨으로써 그 결과로 공동체적 자유가 실현되는 것이다.

반면, 공동체적 자유는 국가공동체를 자유의 주체로 인정하고, 개인적 자유는 공동체적 자유의 범위 안에서만 인정하는 것을 말한다. 인간은 경제적 자유나 사적 영역에 머물지 않고 정치적 시민으로서 공적 영역에서 공익을 추구함으로써 온전한 자유를 누릴 수 있다는 것이다. 이를 공화주의적 자유라고도 한다. 이는 자본주의의 발달과 함께 개인적 자유의 사적 이익 추구가 공동체의 공적 이익을 해치게 되는 문제점을 극복하고자 제시된 개념이다.

개인적 자유와 공동체적 자유는 서로 대립하거나 평면적으로 구분된다기보다 층위 자체를 달리하는 개념이라고 할 수 있다. 즉 자유의 가치와 그 실현을 위한 방법적 관점에서 서로 차이가 있을 뿐이다. 또한 그 중요성을 우선적으로 강조하는 방점을 어디에 두느냐에 따라 원칙과 예외로 설명될 수도 있다. 개인적 자유를 중심에 두고 보면 개인이 자유로울 때 비로소 국가공동체도 자율성을 획득할 수 있으며, 공동체적 자유를 중심에 두고 보면 국가가 자유로워야 그 안의 국민도 자유로울 수 있다고 여겨지기 때문이다.

따라서 인간의 존엄과 가치는 개인적 자유와 공동체적 자유의 변증적 발전을 통해서만 실현될 수 있다. 개인적 자유를 지나치게 강조해 국가공동체가 붕괴되는 것을 경계해야 하고, 공동체적 자유가 자유의 이름으로 타인에게 폭력으로 작용하지 않도록 유의해야 한다.

그러나 근대적 의미에서 자유의 핵심은 개인적 자유이며, 공동체적 자유는 개인적 자유를 실질적으로 실현시키기 위해 보완하는 것이라고 할 수 있다. 존재론적으로도 개인이 공동체보다 본질적으로 우선되며, 개인적 자유가 공동체의 자유를 위해 희생되어서는 안 되기 때문이다. 공동체적 자유는 개인적 자유를 실질적으로 보장하고 증진시킬 때만 존재의미를 갖는다. 역사적으로도 공동체적 자유가 강조될 경우, 이것이 적극적 자유, 정치적 자유 그리고 민족주의와 결합하는 순간 어떤 결과가 초래되었는지 이미 나치의 사례에서 확인한 바 있다.

자유를 향한 의지는 경험에서 나온다

자유란 그저 외부로부터의 간섭이나 강요 없이 내버려둔다고 획득되는 것이 아니다. 자유가 가능하기 위해서는 다음과 같은 주관적 또는 객관적 조건을 갖추어야 한다.

첫째, 개인의 의지와 욕망이 있어야 한다. 자유는 무엇을 원한다는 의사를 전제로 한다. 개인의 자유의지가 인정되지 않으면 자유는 가능하지 않다. 개인의 의지와 욕망은 자유가 존재하기 위한 주관적 요소다. 타자의 간섭과 개입도 결국 개인의 자유의지를 전제로 할 때만 존재할 수 있다. 개인이 자유에 대한 의지를 갖고 있지 않다면, 타인이 간섭한다는 것이 도무지 성립할 수 없기 때문이다.

개인이 자유에 대한 의지를 가진다는 것은 직접적으로나 간접적으로 자유를 경험했다는 것을 의미한다. 개인이 구조적으로 타자에게 예속된 경우에는 스스로 노예 상태인 것을 인식하지 못할 수 있고, 이때는 자유의지가 생기지 않을 수도 있다. 한편, 자유는 본질적으로 주관적 감성과 의지에 관한 문제이므로 자유의 여부와 내용을 객관적인 잣대를 사용해 획일적으로 판단해서는 안 된다. 개인이 자유롭다고 느끼는데 다른 사람이 부자유로 판단해서 그 개인을 자유롭게 하는 것은 자율을 박탈하는 것이 될 수 있다. 그 반대의 경우도 마찬가지다.

둘째, 자유가 개인의 의지와 욕망을 실현하는 것이라면, 최소한 두 가지 이상의 선택지가 있어야 한다. 선택할 여지가 없는 상태에서의 자유는 의미가 없다. 자유는 선택지가 있는 조건에서 외부의 방해나 간섭 없이 자신이 원하는 결정을 할 수 있는 능력이다. 이때 선택지의 존재 여부는 형식적인 것뿐만 아니라 실질적인 가능성도 고려해야 한다.

외형적으로 두 가지 이상의 선택지가 있는 것처럼 보이지만, 실질적으로는 선택의 여지가 없는 경우에는 자유가 있을 수 없다. 반면, 선택지가 너무 많고 개인이 이를 통제하고 판단할 수 있는 능력이 없을 경우에는 선택지가 오히려 개인을 부자유하게 만들기도 한다. 따라서 개인이 자유를 누릴 수 있는 역량을 기르는 것도 아울러 요구된다.

셋째, 자유를 실현할 수 있는 객관적 능력과 상황 조건이 갖추어져야 한다. 개인이 선택지를 결정하는 의지와 욕망이 있다면 실제로 선택하고 실행할 수 있는 경제적 능력과 제도적 장치 등도 보장되어야 한다. 개인이 자유에 대한 의지가 있고 선택지가 존재하더라도 실제로 자유롭게 선택할 수 있는 여건과 환경이 마련되어 있지 않으면 소용이 없다. 또한 개인이 자유롭게 선택한 것에 대해 처벌을 하거나 불이익을 부과해 자유로운 선택을 억압하는 경우에도 자유는 설 자리가 없다. 적극적 자유는 이러한 객관적 능력과 상황 조건을 강조하면서 실질적으로 자유를 보장할 것을 주장한 것이다.

넷째, 자유의 결과에 대해 책임을 질 수 있어야 한다. 개인이 자유롭다는 것은 스스로 선택할 수 있는 힘을 가졌을 뿐만 아니라, 자신이 선택한 것에 대한 결과에도 책임을 져야 한다는 것을 의미한다. 선택의 결과에 책임을 지지 않는 것은 방종일 뿐이다. 자유에 책임을 부과하는 것은 자유가 방종으로 흐르지 않도록 통제하기 위해서다. 다만, 이러한 책임에 대한 부담으로 개인이 자유로부터 자유롭고 싶은 욕망을 느끼지 않도록 해야 한다. 자유에 대한 대가로 과도한 책임을 부과할 경우에는 개인이 자유의지를 상실할 수도 있기 때문이다. 개인의 자유에 대해 부과하는 책임도 그 선택과 행위에 적정하게 비례할 수 있도록 해야 한다.

자유의 보장에는 예외도 있다

헌법은 자유를 보장하기 위해 다양한 제도적 장치를 마련하고 이를 실현할 것을 요구하고 있다. 먼저, 국민주권을 이념적 기초로 선언한다. 근대 이후 인간은 국가를 벗어난 자유를 생각하기 어렵게 되었다. 인간이 전 생애에 걸쳐 국가와 밀접하게 관계를 맺게 되면서 개인의 자유는 타인과 사회적 관계를 기초로 형성되는 국가와의 맥락 안에서만 제대로 실현될 수 있게 되었다. 개인은 자유로운 국가에서만 비로소 자유로울 수 있는 것이 현실이다. 따라서 서로 다른 생각과 행동양식을 가지는 개인들로 구성된 국가가 자유롭기 위해서는, 국가의 전체 구성원들의 자발적인 동의에 따라 국가가 운영되어야 한다.

헌법적 차원에서 개인의 자유는 기본권을 보장함으로써 실현된다. 헌법은 인간의 존엄과 가치를 존중하고 개인의 자유와 권리를 실현하는 것을 목적으로 한다. 헌법은 이러한 자유와 권리를 개인의 기본권으로 규정해 보장함으로써 실질화한다. 법치국가를 실현하는 것도 자유를 제도적으로 보장하기 위한 것이다.

또한 법은 개인의 자유를 보장하고 사회정의를 실현하는 것을 목적으로 한다. 이를 위해 법은 국가권력에 정당성을 부여하면서 국가권력을 통제하는 양날의 검으로 기능한다. 개인 역시 주권자로서 법의 주체이자 법의 적용을 받는 객체가 된다. 따라서 법치는 개인의 자유가 침해받지 않도록 이를 사전에 예방하고, 자유가 침해되었을 경우에는 이를 회복할 수 있는 사법제도를 마련한다. 사법권의 독립은 이와 같은 맥락에서 공정한 재판을 통해 개인의 자유를 확보하기 위한 것이다.

이와 같이 인간의 자유는 헌법적 가치로 보호되어야 하지만, 인간은 사회적 존재이므로 자유의 실현에는 일정한 한계가 있다. 자유를 무제한적으로 인정하게 되면, 개인과 국가 모두 멸망할 수 있기 때문이다. 무엇보다 자유는 다른 사람의 자유와 공존할 수 있어야 한다. 사회적 존재인 인간은 모두 다른 생각과 행동양식을 가지고 있다. 그런 만큼 모든 사람이 자유로운 것은 불가능하기에 강자만이 자유로운 상태가 되기 쉽다. 어떤 개인이 자유롭다는 것은 다른 사람에게 권력을 행사한다는 의미일 수 있기 때문이다.

자유는 그 자체로 폭력적 속성을 갖는다. 자유는 개인이 스스로 하고 싶은 것을 외부의 간섭 없이 할 수 있는 힘이기에, 타인과 사회적 관계 속에서 존재하는 인간의 자유는 타인의 입장에서는 폭력적으로 작용할 수 있다. 자유의 이름으로 자유를 말살시킬 수도 있는 것이다. 따라서 개인들의 자유가 서로 모순 및 충돌하는 경우에는 자유를 적절하게 제한함으로써 일방의 자유가 침해되지 않도록 조화를 유지해야 한다. 특히 적극적 자유가 남용되지 않도록 해야한다. 적극적 자유가 지나치게 강조될 경우 특정한 개인이나 집단이 그들의 자유를 실현하기 위해 타자들의 자유를 침해하는 것을 정당화할 수 있기 때문이다.

또한 자유는 모든 사람에게 평등하게 보장되어야 한다. 인간은 서로 다르고, 이 점에서 모두 동일하다. 바로 이것이 모든 사람에게 자유를 평등하게 보장해야 하는 이유다. 국가공동체 구성원 모두에게 평등한 자유만이 도덕적 가치로 존중될 수 있다. 국가공동체의 구성원에게 평등하게 보장되지 않는 자유는 폭력에 불과하다. 그러나 사적 영역에서 형식적 평등을 지나치게 강조할 경우 자유가 타인에 대한 억압이나 경제적 불평등을 정당화하는 명분으로 이용될 수 있다는 점도 유의해야 한다.

개인의 자유는 국가공동체의 유지와 조화를 이루기 위해 제한될 수 있다. 인간은 개인적으로는 자율에 의해 자신의 삶의 방식을 선택하고 누리지만, 사회적으로는 타인과의 관계 속에서 공동체의 유지와 조화를 이루는 인격체다. 헌법 또한 개인의 자유가 공동체 발전의 조건이 되는 동시에 공동체의 발전이 개인 자유의 전제가 되는 관계를 지향하는 것으로 해석된다.

따라서 자유를 보장하기 위해서는 외부의 간섭을 배제해야 하지만, 국가 구성원 모두가 공정하게 자유를 실현하기 위해서는 국가가 개입해 개인의 자유를 제한할 필요도 있다. 이는 기본권 침해가 아닌 기본권의 정당한 제한에 해당한다. 특히 단일한 정치적 의사를 도출해야 하는 정치적 자유에서는 다수결의 원리를 수용해야 하고, 개인의 경제적 자유는 국가공동체의 공공복리에 적합하도록 행사되어야 한다.

인간다운 삶을 보장하는
헌법적 장치

자유시장경제 속 자유민주주의

대한민국이 국가의 기본질서로 채택하고 있는 자유민주주의에서 자유주의와 민주주의는 앞서 말했듯 층위를 달리하는 개념이다. 자유주의가 개인의 존엄성과 개성을 인정하는 사상이라면 민주주의는 단일한 의사결정 방식에 대한 제도 또는 정치적 사상을 말하므로, 항상 함께 결합되는 개념은 아니다. 그렇지만 헌법에서는 이를 자유민주주의로 결합시키고 있다. 역사적으로 자유민주주의는 경제질서에서 어떻게 구현될 것인지에 대한 논쟁을 거치며 발전되어 왔다. 자유민주주의는 모든 개인이 인간으로서 존엄과 가치를 가지고, 자유롭고 평등하게 행복을 추구할 수 있는 국가를 지향한다.

그러나 19세기 산업혁명 후 급속한 경제성장에 따라 자본주의에 기초한 자유시장경제질서는 새로운 문제점을 낳았다. 본래 자본주의는 개인이 사적 이익을 추구하더라도 시장의 보이지 않는 손이 사회 전체의 이익을 증가시키고 이에 따라 경제도 성장한다는 논리를 기초로 한다. 하지만 경제활동을 개인의 자유와 경쟁에만 맡겨두자 소수의 자본가만 부를 독점하고, 소득 불평등으로 계급 간의 갈등은 더욱 극심해지는 등의 부작용이 생기고 만다. 결국 이는 인간의 존엄과 가치를 해치고, 국가공동체를 붕괴시켜 헌법이 지향하는 국가를 형성하는 데 치명적인 장애가 되었다.

이러한 문제점을 극복하기 위해 현대국가에서는 경제생활 영역에서 개인의 자율적인 조정이 어려운 경우 국가가 개입해 공정성을 확보하고 있다. 국가는 자유가 평등하게 보장되고 타인의 자유를 인정하는 것이 자신의 자유를 보장하는 조건이 되었을 때 건강할 수 있다. 하지만 국가가 사회의 경제활동에 어느 정도까지 개인의 자유를 제한하고 간섭할 것인지에 대한 기준은 지향점에 따라 다르다. 이는 국가의 역할에 대해 가장 많은 논란을 불러오는 부분이기도 하다. 대한민국 헌법은 재산권을 보장하고 사유재산 제도를 인정하는 것을 경제질서의 원칙으로 삼고 있다.

건국헌법은 제84조에서 모든 국민이 사회정의의 실현과 균형 있는 국민경제의 발전에 기해야 한다는 것을 대한민국 경제질서의 기본으로 규정했다. 각 개인의 경제상 자유는 이 한계 내에서만 보장했다. 개인의 자유보다 사회정의의 실현과 균형 있는 성장을 우선한 것이었다. 이 규정은 1962년 개정헌법 제111조 1항을 통해 "대한민국의 경제질서는 개인의 경제상의 자유와 창의를 존중함을 기본으로 한다"로 수정되었다. 이는 자본주의에 기초한 자유시장 경제질서를 기본원칙으로 채택한 것이었다. 이 규정은 현행헌법에까지 그대로 유지되고 있다.

이와 같이 대한민국의 경제질서는 자유시장경제질서에 바탕을 두고 개인의 재산권을 보장하고 사유재산제도를 인정한다. 즉 개인과 기업은 자유와 창의를 바탕으로 경제활동을 영위할 수 있으며, 국가는 모든 개인에게 그 기회를 균등하게 보장하면서 각자의 능력과 노력에 따라 재산을 형성할 것을 보장한다. 우선 경제 영역에서 개인의 자유를 보장하고 재산권을 특별히 보호한다. 경제활동의 주체인 개인과 기업은 계약의 자유, 영업의 자유 등 직업의 자유를 가지며, 국가는 이를 보호해야 한다. 경제활동의 결과로 취득해 소유하는 재산에 대해서도 사용, 수익, 처분할 수 있는 권리를 보장받으며, 헌법은 다른 기본권에 비해 재산권을 특별히 보호할 것을 규정한다.

현행헌법은 제13조 제2항에서 모든 국민이 소급입법에 의해 재산권을 박탈당하지 않도록 규정하고, 제23조 제3항에서는 공공필요에 의해 재산권을 수용·사용 또는 제한할 경우에는 반드시 법률로 정한 정당한 보상을 지급할 것을 요구하고 있다. 또한 제126조에서는 개인의 재산권뿐만 아니라 사영 기업의 소유권도 국방상 또는 국민경제상 긴절할 필요가 있는 경우에는 제한할 수 있는 한계 또한 규정하고 있다.

개인의 재산권을 보장한다는 것은 사유재산제도를 전제로 한다. 재산이란 인간의 생활 수요를 충족시키는 경제적 가치를 말하고, 재산권은 이러한 재산을 소유하고 사용, 수익, 처분할 수 있는 권리다. 그리고 사유재산제도는 이러한 재산권을 개인에게 귀속시키는 것을 허용한다. 개인의 사적 소유를 제도적으로 보장하지 않으면서 재산권을 보장한다는 것은 모순이다. 즉 헌법은 자본주의에 기초한 자유시장경제질서를 원칙으로 채택하고 있으며, 이는 곧 사유재산제도를 인정하는 것을 의미한다.

앞서 이야기했듯이, 19세기 이후 세계는 자본주의의 발전으로 시장의 기능이 실패하고, 자유와 경쟁만으로는 분배의 정의가 실현될 수 없다는 것을 경험했다. 즉 경제는 성장했지만 소수의 자본가가 대부분의 부를 독점해 소득의 불평등은 심화되었고, 이 때문에 계급 갈등이 발생해 국가공동체까지 붕괴될 위험에 처한 것이다. 이때부터 국가가 사회의 경제질서에 적극적으로 개입해 개인의 경제활동을 규제하는 것이 정당화되기 시작했다. 대한민국은 이와 같이 자본주의의 위기가 심화된 상황에서 국가의 경제질서를 구축해야 했다.

경제의 민주화는 어떻게 가능한가

대한민국은 자본주의의 발전과 그 위기를 극복하면서 혼합적 경제질서를 형성해왔다. 특히 현행헌법은 제119조 제2항에서 균형 있는 국민경제의 성장 및 안정, 적정한 소득 분배의 유지, 시장의 지배와 경제력 남용 방지, 경제주체 간의 조화를 통한 경제의 민주화 실현을 위해 국가가 경제에 관한 규제와 조정을 할 수 있다고 규정한다. 이는 자유시장경제질서의 한계를 극복하기 위해 국가가 개인의 경제생활에 관여하고 조정할 수 있는 헌법적 근거를 마련한 것이다. 이를 바탕으로 제120에서 제127조까지 사회복지 실현을 위한 국가의 책임과 의무를 다양하게 규정한다.

전통적으로 사적 영역에 해당하는 경제생활은 공적 영역에 해당하는 정치생활과 구분되었고, 이에 따라 공적 영역에서 적용되어야 할 민주주의는 경제생활에 적용하기 어렵다고 인식되었다. 그러나 헌법에서 규정하고 있는 경제주체 간의 조화를 통한 '경제의 민주화'는 전통적으로 사회의 사적 영역이라 이해되어온 경제생활에 국가가 개입해 민주주의를 실현해야 한다는 것을 의미한다. 현행헌법에 처음 등장한 경제의 민주화라는 표현은 그 의미를 두고 적지 않은 논란이 계속되고 있다.

한편에서는 민주주의란 정치와 같은 공적 영역에 적용되는 원리이므로, 사적 영역에 해당하는 경제질서에 적용하는 것은 잘못된 것이라고 주장한다. 정치의 민주화와 경제의 자유화가 자연스러운 것이고, 경제의 민주화는 그 용어 자체가 형용모순에 해당한다는 것이다. 또 다른 한편에서는 소수에 의해 자본이 독점되어 발생하는 불평등한 상황을 극복하고 개인과 국가공동체가 공존할 수 있도록, 국가가 개입하는 특단의 조치로 경제의 민주화를 인정해야 한다고 주장한다.

사실 이러한 논쟁은 헌법 해석에 관한 것이라기보다 헌법 정책적 차원에서 이루어진 것이다. 즉 헌법이 경제의 민주화를 명시적으로 규정하고 있으므로 정책적으로 바람직하지 않다는 이유로 그 실체를 부인해서는 안 된다. 헌법을 개정할 경우 이를 어떻게 개정할 것인지를 논의하거나 현행헌법의 틀 안에서 어떻게 다른 조항과 조화롭게 해석할 것인지를 고민하는 것이 바람직하다. 따라서 경제의 민주화의 규범적 의미를 명확히 하고, 이를 구체적으로 실천하는 방안을 모색하는 것이 필요하다.

경제의 민주화는 절차적 관점과 내용적 관점으로 구분해 규범적 의미를 이해할 수 있다. 절차적으로는 경제질서에 관한 의사결정을 사적 자치에 맡기지 않고 민주주의에 따라야 한다는 것을 의미한다. 자본주의에서 생산, 가격, 분배는 시장에서의 수요와 공급의 원칙에 따라 결정된다고 한다. 즉 생산자와 소비자가 자율적으로 결정하며, 국가는 이에 개입할 필요가 없다. 하지만 경제의 민주화란 경제활동에 관계되는 모든 이해관계인이 주체가 되어 민주적 절차에 따라 다수결로 결정해야 한다는 것을 말한다.

한편, 내용적으로는 사회정의의 실현을 의미한다. 이때 사회정의의 개념과 범위에 대해서도 견해가 다양하다. 먼저, 사회정의를 실현하기 위해서는 국가가 최저임금제나 근로시간 제한 등의 제도를 통해 모든 국민에게 최소한의 생존권을 보장해야 한다는 입장이 있다. 최소한의 경제적 수준을 보장하고 그 이상에 대해서는 개인들의 노력과 자유경쟁에 의해 재화와 용역을 분배하는 것으로 충분하다는 것이다. 미국과 같이 자유시장경제질서를 강조하는 국가들이 이러한 입장을 채택하고 있다.

이와 달리 누진세 등 각종 특별세금의 부과를 통해 국민들 사이의 경제적 격차와 사회적 불평등을 해소하기 위한 것이라는 입장도 있다. 국가공동체를 유지하기 위해서는 최소한의 생존권을 보장하는 것만으로는 부족하므로, 계층 간의 격차를 일정한 수준 이하로 유지하는 평등 정책을 마련하고 이를 실천해야 한다는 것이다. 스웨덴 등과 같이 적극적 사회복지와 사회보장제도를 강조하는 북유럽 국가들이 이러한 입장을 채택하고 있다.

대한민국 헌법이 경제의 민주화를 통해 달성하려는 사회적 정의란 위의 두 가지 관점을 모두 포괄한다고 할 수 있다. 즉 모든 국민에게 최소한 인간다운 생활을 할 수 있을 정도의 경제적 수준을 보장하면서 국민들 사이의 경제적 불평등이 심화되지 않도록 하는 것이다. 따라서 앞선 헌법적 근거를 바탕으로 다양한 사회보장제도를 펼침으로써 경제의 민주화를 실현하는 데 노력을 기울이고 있다.

헌법 제119조 제1항이 개인과 기업의 경제상의 자유와 창의를 존중한다는 것을 기본으로 하면서, 제2항에서는 국가의 경제에 대한 규제와 조정을 허용하고 있는 것을 두고도 그 해석이 다양하다. 일부에서는 두 조항이 동등한 규범력을 가지므로 이를 두고 국가가 선택적으로 경제질서를 구상할 수 있다고 본다. 이 견해에 따르면 국가는 균형 있는 국민경제의 성장 및 안정과 적정한 소득 분배를 유지하고, 시장의 지배와 경제력의 남용을 방지하며, 경제주체 간의 조화를 통한 경제의 민주화를 위해 폭넓은 경제 규제 및 조정을 시행할 수 있다. 특히 개별적인 법률이 없더라도 헌법의 규정을 근거로 직접 국가가 경제에 개입해 규제할 수 있다고 본다.

그러나 제1항은 자유와 창의를 기반으로 사유재산제도를 보장하는 자유시장경제질서의 원칙에 대한 선언이며, 제2항은 소득 불균형 등 자유시장경제질서의 문제점을 보완하기 위해 국가에 부여된 경제질서 규제 및 조정에 관한 권한과 책임을 규정한 것으로 이해해야 한다. 즉 제1항에서 규정하는 자유시장경제질서를 제대로 작동시키기 위해 제2항에서 국가의 개입을 허용한 것이라고 보는 것이 규범적으로 조화로운 해석이라고 할 수 있다. 따라서 국가가 개인의 경제활동에 개입하기 위해서는 헌법 이외에 개별적인 법률에 근거를 두어야 한다.

우리 헌법이 사회복지를 기본권으로 보는 이유

사회복지국가란 국민 모두가 사회적 및 경제적으로 높은 수준의 삶을 누릴 수 있도록 사회복지의 증진을 목표로 하는 국가다. 그러나 구체적으로 들어가면 용어의 사용 맥락에 따라 사회국가 또는 복지국가로 부르기도 한다. 이러한 사회복지는 자유민주주의와 대립되거나 전혀 별개의 차원에 존재하는 것이 아니라, 자유민주주의를 실질적으로 달성하기 위한 개념이다. 한편, 자유민주주의는 정치질서에 국한하고 경제질서에는 적용되지 않는다는 견해도 있으나, 자유민주주의는 사회복지의 원리를 포함하므로 정치질서에 제한되지 않고 경제질서에도 적용되는 것으로 해석하는 것이 타당하다.

사회복지는 자유시장경제질서를 기본으로 하면서도 그 부작용을 시정하기 위해 자본주의를 수정해 사회주의적 이념으로 보완하는 것을 핵심적 내용으로 한다. 헌법은 사회복지를 헌법적 가치로 지향하고, 이를 실현하는 것을 국가의 헌법적 책무로 규정하는 한편, 개인에게는 국가를 상대로 사회복지국가를 실현할 것을 요구하는 것을 헌법적 권리로 보장하고 있다. 이와 같이 사회권을 헌법적 기본권으로 처음 규정한 사례는 1919년 제정된 독일의 바이마르 헌법이다.

이러한 사회권은 건국헌법에서부터 헌법적 기본권으로 규정되었는데, 이는 상당히 독특한 것이었다. 1948년 당시의 국가의 경제와 재정적 현실을 고려할 때 막대한 재정적 지원이 뒷받침되어야 하는 사회권을 기본권으로 인정한 것은 상당히 비현실적이기도 했다. 독일과 프랑스 등의 국가는 사회복지를 국가의 책무로 규정했을 뿐 개인의 기본권으로 인정하지는 않았으며, 미국도 사회권을 헌법에 규정하지는 않았다. 그러나 우리나라는 사회복지를 실현하기 위해 헌법에서 다음과 같이 규정한다.

먼저, 사회복지를 헌법적 가치로 선언한다. 헌법은 전문에서부터 '국민생활의 균등한 향상'을 기하는 것을 국가 목표로 제시한다. 이어 제23조에서는 재산권을 자유권의 하나로 인정하면서도 이를 절대화하지 않고 공공의 복리 등을 위해 제한할 수 있도록 했는데, 특히 재산권을 행사할 경우에는 개인의 자유를 무제한으로 인정하지 않고 반드시 공공복리에 적합하도록 할 것을 헌법적 의무로 부과하고 있다. 또한 재산권의 내용과 한계에 대해서는 국회가 제정한 법률로 정하도록 위임해 재산권도 한계가 있다는 것을 인정하고, 재산권을 사회권과 조화를 이루도록 하고 있다. 이러한 규정들은 모두 사회복지를 실현하기 위한 것이다.

제31조에서 제36조까지 규정되어 있는 사회권은 국가로부터 간섭을 받지 않을 소극적 자유가 아니라 국가에 대해 사회적 존재로 생존할 수 있는 적극적 자유를 보장할 것

을 요구하는 권리다. 사회복지를 단순히 이념적으로 지향하는 것을 넘어 개인의 헌법적 권리로 인정한 것이다. 이에 따라 개인은 누구나 인간다운 생활을 할 권리를 가지며, 경제활동을 영위하는 근로의 권리와 건강하고 쾌적한 생활을 영위하기 위한 환경권도 보장받는다. 특히 여자, 노인, 신체장애자 등 사회적 약자에 대해서는 국가가 특별히 보호할 것을 규정하고 있다. 헌법이 사회권을 규정하고 있다는 것은 국가가 이를 침해한 경우, 개인이 헌법재판소에 헌법소원심판을 청구할 수 있다는 의미다.

또한 제9장에서 경제질서와 관련한 국가의 책임과 의무를 자세하게 규정한다. 헌법에서 경제에 관한 별도의 장을 만들어 규정하는 것은 대한민국 헌법의 특징이기도 하다. 제120조 제1항에 따라 국가는 광물 기타 중요한 국가 자원의 경우 그 소유권을 국유화 또는 사회화할 수 있으며, 앞서 언급한 제126조에 따라 국방상 또는 국민경제상 긴절한 필요가 있는 경우에는 사영 기업을 국유 또는 공유할 수 있다.

또한 제120조 제2항을 근거로 국가는 국토의 경제계획과 특별한 이용과 개발을 할 수 있고, 균형 있는 경제발전을 위해 특별한 조치를 할 수도 있다. 사유재산제도를 바탕으로 개인의 재산권과 경제적 자유를 인정하면서도 국가 경제의 발전을 위해 국가가 개입할 수 있는 헌법적 근거를 마련하고 있는 것이다. 특히 농지에 대해서는 제121조에서 경자유전의 원칙에 따라 소작제도를 금지하면서도 농업 생산성의 제고와 농지의 합리적인 이용을 위해서는 예외적으로 농지의 임대차와 위탁경영을 허용하고 있다.

국가 개입에는 한계가 있다

사회복지는 자본주의에 반대해 자유시장경제질서와 개인의 재산권을 부인하는 것이 아니다. 이는 역사적으로 자유시장경제질서의 단점을 보완하고 공정한 경제질서를 형성하기 위해 헌법적 가치로 수용되었다. 따라서 국가는 본래의 역할을 수행하는 과정에서 다음의 한계에 직면한다.

먼저, 자유시장경제질서의 본질적인 내용을 결코 침해해서는 안 된다. 사회복지는 자본주의의 기본원칙인 사유재산제도에 반하거나 재산권의 본질적 내용을 침해할 수 없다. 자유시장경제질서는 개인의 자율성에 기초해 사적자치의 원칙과 직업 선택의 자유를 보장하고 있으므로 이를 전면적으로 배제할 수 없다. 따라서 국가는 자유시장경제질서가 개인의 자율적인 선택과 운영에 따라 제대로 작동하지 않을 경우에만 개입해야 한다.

이때에도 국가는 자유시장경제질서가 공정하게 작동될 수 있는 필요한 범위 내에서 제한적으로 개입해야 한다. 이를 보충성의 원칙이라고 한다. 즉 사회복지는 자유시장경제질서를 배척하는 것이 아니라 본래의 목적을 달성할 수 있도록 지원하기 위한 것이다. 국가도 이러한 목적을 달성하기 위해 필요한 범위에서 경제활동에 개입해야 한다.

또한 사회복지는 유일한 헌법적 가치가 아니므로 다른 헌법적 가치와 조화롭게 실현되어야 한다. 사회복지를 실현하기 위해서는 국가의 개입이 필수적으로 요구되므로 국가권력이 작동하는 과정에서 필요한 헌법원리를 준수해야 한다. 특히 법치주의와 자유민주주의와도 조화로운 균형을 이루어 사회복지의 이름으로 공정성을 해치거나 획일화된 전체주의로 변질되지 않도록 유의해야 한다.

국가권력의 정당성은 권력이 법치주의를 기반으로 법률이 정한 절차에 따라 작동하고, 이를 토대로 자유민주주의가 실현될 때 확보된다. 따라서 사회복지는 절차적으로

나 내용적으로 법치주의와 자유민주주의에 위반되지 않는 범위에서만 허용된다. 또한 개인의 기본권과도 조화를 이루어야 한다. 사회복지를 위해 개인의 기본권을 제한할 수는 있지만, 기본권을 제한하기 위한 헌법적 요건과 한계를 준수함으로써 사회복지를 명분으로 기본권을 침해해서는 안 된다.

이외에도 사회복지를 실현하는 과정에서 새로운 부작용이나 문제점이 발생하지 않도록 유의해야 한다. 국가는 사회복지를 위해 실업 구제, 최저임금 보장, 사회보장제도 등을 실시하며 개인의 경제생활에 개입한다. 그러나 이처럼 국가가 적극적으로 개입할 경우 국민이 국가에 지나치게 의존할 우려가 생긴다.

이 때문에 노동자의 노동 의욕이 감퇴되거나 사회적 약자의 지위가 구조화되는 것은 궁극적으로 국가와 사회의 발전에 큰 장애가 된다. 이에 따라 국가가 개인을 통제하는 기능이 강화되고 이를 추진하는 과정에서 관료화가 심화되어 인간의 존엄성이 훼손되고 소외되는 병폐가 발생한다는 비판도 제기되고 있다. 따라서 사회복지는 그 본래의 목적이 제대로 달성될 수 있도록 사회적 영향 등을 다각적으로 검토한 후 실시해야 할 것이다.

 사회복지는 현실적으로 막대한 재정적 지원을 받아야 실현될 수 있다. 이는 사회복지를 실현하는 한계가 될 수 있다. 우리도 건국헌법에서 사회복지를 천명하고 사회권을 기본권으로 규정했지만, 현실적으로는 재정적 기반을 갖추지 못해 오랫동안 명목적인 규정으로 남아 있기도 했다. 물론 이러한 한계는 현실의 문제일 뿐, 헌법 규범적 문제는 아니다. 그러나 사회복지는 현실과 밀접하게 관련되므로 국가의 재정적 능력도 함께 고려해야 한다. 이는 사회복지에 대한 헌법 규정이 규범력을 가지기 위한 전제다.

선을 구하기보다
악을 제거하라

'자유민주'와 '민주'의 헌법적 의미

헌법은 다양한 방식으로 자유민주주의를 기본원리로 선언하고 있다. 헌법에 '자유'는 19회, '민주'는 9회, '자유민주'는 2회에 걸쳐 각각 등장한다. 전문의 "자유민주적 기본질서를 더욱 확고히 하여", 제1조 제1항의 "대한민국은 민주공화국이다", 제4조의 "자유민주적 기본질서에 입각한 평화적 통일 정책", 제8조 제4항의 "민주적 기본질서", 제32조 제2항의 "민주주의원칙" 등이 그것이다. 이들은 서로 다르게 표현되어 있지만, 모두 자유민주주의라는 기본원리에 뿌리가 있는 것으로 통일적으로 이해해야 한다.

그러나 자유민주주의의 구체적인 의미는 헌법 조항에

따라 다르게 해석해야 한다. 즉 전문은 대한민국이 지향하는 헌법적 가치를 표현한 것이고, 제1조 제1항은 대한민국의 국가 형태와 정체성을 선언한 것이다. 제4조는 평화통일의 이념과 방법을, 제8조 제4항은 정당 활동의 헌법적 한계를, 제32조 제2항은 국민의 근로 의무의 내용과 조건을 정하는 입법작용의 기준을 각각 제시한다. 또한 제2장에서 다양하게 규정하는 자유는 기본권의 내용과 범위를 확정하는 기준이 된다.

헌법에서 자유민주주의의 내용을 서로 다르게 표현하고 있는 것은 그 해석을 둘러싸고 많은 논란을 불러일으킨다. 특히 전문과 제4조의 '자유민주적 기본질서'와 제8조 제4항의 '민주적 기본질서'의 개념 차이를 두고 의견이 엇갈린다. 이 둘은 어떻게 구별되고, 어떤 차이가 있을까?

한편에서는 자유민주적 기본질서를 자유에 의해 제한되는 민주주의로, 민주적 기본질서는 자유뿐만 아니라 다른 가치도 개방적으로 포괄하는 보다 상위의 개념으로 이해한다. 이에 따르면, 대한민국의 헌법적 가치 및 통일 원칙인 '자유민주적 기본질서'와 위헌정당 해산의 사유인 '민주적 기본질서'는 서로 다른 개념일 뿐만 아니라, 정당 해산 사유가 자유민주적 기본질서뿐만 아니라 모든 형태의 민주적 기본질서를 포함하는 것이 된다. 하지만 전문에서 선언하는 헌법적 가치보다 위헌정당 해산의 사유가 상위의 개념이고 포괄적인 내용을 담고 있는 것으로 해석하는 것은 어색하고 체계적으로도 정합하지 않다.

자유민주적 기본질서란 헌법적으로 서로 다른 층위인 자유주의와 민주주의가 결합된 자유민주주의를 기초로 한다. 자유주의는 자유를 추구하고 증진시키는 국가공동체를 이념적으로 지향하는 신념 체계다. 한편, 민주주의는 국가공동체의 의사를 결정하고 국가권력을 행사하는 통치 형태다. 개념적으로 자유주의는 전체주의에 대응하고, 민주주의는 군주주의 또는 귀족주의에 대응한다. 따라서 자유주의는 군주제도나 귀족제도에서도 실현될 수 있고, 민주주의에서도 전체주의가 나타날 수 있다.

헌법의 자유주의와 민주주의는 자유민주주의를 매개로 통합적으로 이해해야 한다. 자유민주주의는 헌법적 가치로서 인간의 존엄과 가치를 보장하고, 개인의 자유와 평등, 그리고 정의를 실현하는 것을 목적으로 한다. 헌법이 지향하는 민주주의는 형식적이고 가치중립적인 것이 아니라 자유를 보장하는 법치라는 헌법적 가치에 의해 통합되는 민주주의다.

또한 앞서 말했듯이, 자유민주주의는 개인의 자유뿐만 아니라 정의로운 사회를 목표로 지향하고 있는 만큼 사회복지의 원리도 포함하고 있다. 따라서 자유민주적 기본질서와 민주적 기본질서의 헌법적 가치와 의미는 동일하다고 할 수 있다. 대한민국이 지향하는 헌법적 가치와 남북통일을 달성하는 규범적 기준, 그리고 위헌정당의 판단 기준도 모두 이러한 헌법적 가치를 의미한다고 해석해야 한다.

그렇다면 헌법은 왜 '자유민주적 기본질서'와 '민주적 기본질서'를 다르게 표현했을까? 이는 헌법개정의 역사를 통해 살펴보면 그 유래를 이해할 수 있다. 건국헌법에서는 '자유민주적 기본질서'나 '민주적 기본질서'라는 표현이 없었다. 그러다 1962년 개정헌법에 위헌정당 해산제도를 도입하면서 제7조 제3항에 '민주적 기본질서'를 규정한다. 이는 1958년 진보당이 정부의 행정처분으로 해산된 것을 경험한 후 정당을 헌법적으로 보장하기 위해 만들어진 규정으로, 이에 따라 정당은 '민주적 기본질서'를 위반했을 때 헌법재판소의 판결에 의해서만 해산될 수 있게 된다. 이 규정은 형식으로만 보면 정당을 해산할 수 있는 헌법적 근거를 마련한 것처럼 보이지만, 그 본래의 취지는 정부가 자의적으로 정당을 해산하지 않도록 제한하기 위한 것이었다. 한편, 1972년 개정헌법 전문에 '자유민주적 기본질서'를 헌법적 가치로 추가하는데, 당시 남북한이 대치하면서 반공주의를 강조하기 위해 '자유'를 추가한 것이라 이해하기도 한다. 이후 현행헌법으로 개정되면서 제4조에 평화통일 원칙으로서의 '자유민주적 기본질서'가 규정되었다.

이러한 헌정사를 고려하더라도 결국 자유민주적 기본질서와 민주적 기본질서는 모두 자유민주주의를 실현하는 실천적 기본원리로 이해하는 것이 타당하다. 이는 자본주의에 기초한 자유시장경제질서에 따라 무한한 경쟁과 자유방임만 인정하는 편협한 자유지상주의가 아니라 자유와 평등이 조화를 이루는 사회공동체의 구성원리를 말한다.

따라서 자유민주주의는 사회민주주의와 대립되는 개념이 아니라 사회민주주의의 요소를 포용한다. 다만 북한이 지향하는 공산당 독재 체제와 그 이론적 바탕인 인민민주주의는 배척하며, 다양한 가치와 세계관을 부정하고 개인의 자유를 허용하지 않는 전체주의 또한 수용하지 않는다.

헌법재판소도 자유민주적 기본질서를 민주적 기본질서와 동일하게 해석해 판단하고 있는 것으로 이해할 수 있다.

헌법재판소는 민주적 기본질서란 모든 폭력적·자의적 지배를 배제하고, 다수를 존중하면서도 소수를 배려하는 민주적 의사결정과 자유·평등을 기본원리로 구성되고 운영되는 정치적 질서라고 하면서, 정당 해산의 사유에 해당되는 민주적 기본질서의 위배란 민주적 기본질서에 실질적인 해악을 끼칠 수 있는 구체적 위험성을 초래하는 경우를 가리킨다고 판단했다(2014. 12. 19. 2013헌다1).

자유민주주의는 어떻게 실현되었나

대한민국은 건국헌법에서부터 자유민주주의를 헌법적 가치로 수용하고 이를 실현하기 위해 노력했다. 하지만 오랫동안 정치적으로 권위주의적 군사정권이 장기간 집권하며 권위주의적 통치가 이어졌으며, 경제적 빈곤으로 개인의 자유와 평등이 제대로 실현될 수 없었다. 사회적으로나 문화적으로도 봉건적 폐습과 전근대적인 의식이 일소되지 않아 사회복지와 정의를 구현하기 어려웠다.

일제의 식민지배와 6·25 전쟁은 시민사회의 갈등과 대립을 촉발해 사회 통합에 장애가 되었으며, 특히 남북한의 분단 상황은 사회의 모든 분야에 걸쳐 이데올로기로 작용해 건강한 사회 발전에 큰 장애가 되었다. 하지만 70여 년의 시간 동안 대한민국은 정치적으로 민주화를 강화하고, 경제적으로 성장과 안정을 이룩하고, 사회문화적으로도 개방적이고 다양한 가치관이 공존할 수 있는 여건을 마련하고 있다.

이처럼 대한민국에서 자유민주주의는 다양한 방식으로 발전되어 왔으나, 헌법이 지향하는 목표와 현실을 비교했을 때는 앞으로 나아갈 방향을 설정하고 이를 구체화시키는 노력이 더욱 필요해 보인다. 대한민국 헌법은 인간의 존엄과 가치를 최고 이념으로 설정하고, 개인의 자유를 기본권으로 보장하고 있다. 국가는 소극적으로 개인의 자유를 침해하지 않아야 한다는 것에 그치는 것이 아니라 적극적으로 자유를 실현할 수 있도록 노력해야 한다.

또한 헌법은 신체의 자유, 정신의 자유, 그리고 표현의 자유를 통해 인간으로서의 기본적 존재 양식을 보장하고, 직업의 자유와 재산권을 보장해 경제적 활동도 보호한다. 참정권과 공무담임권을 통한 정치적 참여, 인간으로서 최소한의 생존권을 보장하기 위한 사회권 또한 기본권으로 보장하고 있다. 그러나 헌법이 다양한 기본권을 규정하고 있음에도 국가권력의 남용으로부터 개인의 자유를 보장하는 제도적 장치는 아직 제대로 마련하지 못하고 있다. 때문에 기본권은 명목적인 가치로 인식되기도 했다. 그러나 오늘날은 경제적 성장과 함께 정치적 민주화가 진행되어 사회의 각 분야에서 자유민주주의가 강화되고 있으며, 특히 현행헌법에서 헌법재판이 도입되어 자유민주주의를 실질화하는 데 크게 기여했다.

국가권력으로부터 기본권이 침해당한 경우에는 헌법소원심판을 통해 구제받을 수 있으며, 국가권력이 권한을 남용해 자유민주주의를 침해한 경우에도 이를 바로잡을 수 있게 된 것이다. 이를 통해 국회가 제정한 다수의 법률이 위헌으로 선고되어 무효화되었으며, 기본권을 침해한 국가의 위법한 공권력 또한 무효화되었다. 특히 자유민주주의를 침해한 대통령은 탄핵으로 파면되었고 정당이 해산되기도 했다. 이러한 진통은 과거의 잘못된 폐습을 극복하고 자유민주주의가 더욱 성장하는 계기가 되어야 할 것이다.

헌법은 국민주권에 기초해 대의제를 원칙으로 채택하

고 다수결의 원리에 따라 민주주의를 실현하도록 하고 있다. 우리는 짧은 기간 동안 고도의 경제성장과 정치적 민주화를 달성하는 기적을 일구었지만, 이 과정에서 국가 주도의 공동체적 자유를 강조하며 개인의 자유를 상당히 희생시켰다. 경제성장을 강조하는 과정에서는 정치적 자유가 침해되었고, 정치적 민주화를 달성하는 과정에서는 경제적 불평등이 심화되는 문제점이 드러나기도 했다.

뿐만 아니라, 대의제가 주권자의 의사를 제대로 반영하지 못하자 국민이 직접 정치에 참여해 의사를 표출하는 욕구가 증가하고 있다. 그 과정에서 민주주의는 특정한 정파적 이익을 위해 이용되기도 했고, 공적 영역에서 적용되어야 할 민주주의가 사적 영역으로 들어와 다수의 이름으로 개인의 자유를 억압하기도 했다.

한편, 경제질서에서는 사유재산제도를 기초로 재산권을 기본권으로 보장해 고도의 경제성장을 달성했다. 국가 주도의 경제계획으로 대기업을 지원하고 수출을 증대해 경제성장을 추진하기도 했다. 개인과 기업의 자유경쟁을 표방하면서도 대기업을 중심으로 효율성을 강조한 정책은 큰 성공을 거두었다. 그러나 이 과정에서 노동자의 기본권이 무시되고 경제적 불평등과 불공정성이 확대되기도 했다.

헌법은 재산권의 공공복리 적합 의무를 인정하고, 사회권을 헌법적 기본권으로 선언했음에도, 현실에서는 그 이념이 제대로 실현되지 못했다. 이에 따라 경제력의 남용과 소득의 불균형으로 심화된 사회적 갈등을 치유하기 위해 국가가 적극적인 역할을 해야 한다는 주장이 제기되기도 했다. 이에 구조적으로 심화된 사회적 갈등을 해소하기 위해 사회복지를 강화하고 그동안 억압받아온 사회적 약자를 보호하기 위한 제도도 확대되었다. 그러나 한편으로는, 국가가 경제 영역에 지나치게 개입해 개인과 기업의 자율적 경제활동을 억압한다는 비판도 제기되고 있다.

민주주의를 위해 남겨진 과제

자유민주주의가 안정적인 궤도에서 작동하기 위해서는 공적 영역에서의 민주주의 강화와 사적 영역에서의 개인의 자유 보장이 구심력과 원심력의 역할을 하며 균형적으로 발현되어야 한다. 즉 개인의 자유를 보장하고 다양한 가치와 세계관을 허용함으로써 국가가 발전의 원심력을 가지고 활성화되어야 한다. 이와 동시에 구성원들이 최소한의 사회적 합의를 공유함으로써 국가공동체가 유지될 수 있도록 사회 통합의 구심력 또한 가져야 한다.

자유민주주의가 공적 영역에 적용될 때는 단일한 정치적 의사를 도출하므로, 사회에 존재하는 상대적이고 다양한 가치와 이해관계를 하나로 수렴해야 한다. 이를 위해서는 구성원들이 이성적으로 대화하고 소통하는 시스템을 갖추어야 하고, 그 결과를 효율적이고 합리적으로 국가의 사로 추출하는 장치를 마련해야 한다. 이때 이성적 대화와 합리적 소통은 논리적으로 상대방을 설득하려는 노력과 상대방의 의견을 수용할 수 있는 여유가 있어야 가능하다. 이는 국민의 정치적 시민의식과도 밀접하게 관련된 것으로, 개인적으로는 자신만이 옳다는 아집과 편견에 사로잡히지 않도록 노력해야 한다.

민주주의가 채택하는 다수결의 원리에서 또한 정책 결정 과정에 참여하는 구성원의 의사가 왜곡되지 않고 제대로 반영되어야 한다. 구성원이 자율적으로 다수결에 참여할 것인지의 여부를 결정할 수 있는 것은 물론 자신의 정치적 의사를 분명하게 밝힐 수 있어야 한다. 다양한 구성원의 의사는 최종적으로 하나의 의사로 귀결되어야 하므로 확정하는 과정에서 이성적인 대화와 토론을 통해 소통할 수 있는 절차적 시스템도 마련되어야 한다. 이러한 민주적 소통을 통해 도출된 정치적 의사만이 설득력을 가질 수 있다.

다수의 의견이 민주적 소통을 통해 최종적으로 정치적 의사로 확정되더라도 이때 다수는 다른 사안에서는 소수가 될 수 있는 가능성을 인정해야 한다. 그렇지 않으면 다수의 지배가 구조화되어 소수를 폭력적으로 지배하는 상황이 계속될 수 있기 때문이다. 이와 함께 다수가 침묵하는 상태에서 소수의 의견을 채택하거나 소수의 큰 목소리가 다수의 의사로 간주되지 않도록 유의해야 한다. 이는 국민의 의사를 왜곡하는 결과를 초래한다.

또한 국민의 여론을 청취하고 이에 따르는 것과 대중을 특정한 방향으로 선동하는 공격적 포퓰리즘을 분명하게 구별해야 한다. 전자는 민주주의에 부합하지만, 후자는 민주주의를 정치적 이데올로기로 악용하는 것이다. 따라서 민주주의가 특정한 정치 이념을 실현하기 위한 수단으로 악용되지 않도록 항상 민감하게 반응해야 한다.

민주주의를 실현하기 위해서는 어떻게 해야 할까? 민주주의는 관점에 따라 다르게 이해되고 실현 방법도 다양하다. 민주주의는 특정한 가치관을 진리로 전제하지 않고, 다양한 세계관을 인정하고 상대적으로 옳다고 여겨지는 주장을 선택하는 것이다. 민주주의가 추구하는 가치는 추상적이고 관념적이어서 특정하기 어렵지만 현실에서는 민주주의에 위반되는 사례를 그다지 어렵지 않게 발견할 수 있다.

따라서 민주주의를 실현하기 위해서는 그 가치가 무엇인지 적극적으로 인식하고 달성하려는 것보다 민주주의에 반하는 구체적인 현상을 찾아내 하나씩 고쳐나가는 것이 보다 현실적이다. 즉 자유민주주의라는 눈에 보이지 않는 추상적인 선을 구하기보다 반反자유, 반反민주라는 구체적인 악을 하나씩 제거할 때 자유민주주의는 어느덧 실현될 것이다. 이러한 의미에서 사악한 것을 없애면 옳은 것이 드러난다는 '파사현정破邪顯正'은 현실에서 구체적으로 정의를 실현하는 방법이라고 할 수 있다. 구체적 악을 제거하는 노력을 통해 추상적인 선을 달성하는 길이 열리기 때문이다.

사적 영역에서 민주주의는 적용되지 않는다

자유민주주의는 사적 영역에서 적용될 때 개인의 자유를 보장하고 다양한 가치와 세계관을 허용해야 한다. 사적 영역에서는 공적 영역에서와는 달리 단일한 정치적 의사가 도출될 필요가 없다. 사회에 존재하는 상대적이고 다양한 가치와 이해관계를 하나로 수렴할 필요 없이 각자의 개성이 그대로 발현되는 것이 중요하다. 사적 영역에서 국가는 개인의 자율적인 선택과 판단을 최대한 존중하고, 개인은 자유의 결과에 대해 책임을 지는 것으로 충분하다. 사적 영역에서 개인의 자유가 헌법의 핵심적 가치로 보장될 때, 이는 국가 발전의 원심력이 된다.

물론 현대국가에서 공적 영역과 사적 영역을 구분하는 것은 쉬운 일이 아니다. 하지만 개인의 밀실인 사적 영역에서 이루어지는 사적 사항에 대해 국가가 개입하거나 사회의 공론화를 통해 단일한 의사를 도출하는 것은 전체주의로 변질될 위험이 크다. 공적 사항을 사적 자치에 맡김으로써 발생하는 소수의 폭력 못지않게 사적 사항을 공론화해 다수결로 결정함으로써 발생하는 다수의 폭력도 반드시 경계해야 한다. 특히 다수의 폭력적 지배는 소수의 폭력적 지배보다 더 위험하다. 다수의 지배는 전면적이고 구조적으로 이루어지고 폭력에 가담하는 사람들의 책임의식도 희석시키기 때문이다. 또한 이때 소수는 다수의 폭력적 지배에서 벗어나기 더욱 어렵다.

헌법이 규정하는 경제에 대한 국가의 개입에 대해서도 이 점을 유의해야 한다. 앞서 언급했듯이 헌법은 제119조 제2항에서 경제주체 간의 조화를 통한 경제의 민주화를 위해 경제에 관한 규제와 조정을 할 수 있도록 규정한다. 또한 제32조 제2항에서는 국민의 근로 의무의 내용과 조건을 정하는 입법작용의 기준으로 민주주의 원칙을 제시하고 있다. 그러나 자유민주주의가 경제생활에 적용되는 경우에는 규범적 의미와 한계를 명확히 이해할 필요가 있다.

현대국가에서는 개인의 경제활동이 완전히 사적 영역에 머물러 있기 어려운 만큼, 공적 영역과 밀접하게 관련된다. 하지만 개인의 사적 자치에 의해 영위되는 경제생활에 민주주의를 적용해 다수결의 원리를 적용해서는 안 된다. 개인이 자율적으로 경제질서를 유지할 수 없을 경우에만 국가가 개입해 개인의 자유를 제한하고 질서를 유지할 수 있는 것이다. 민주주의는 원칙적으로 사적 영역에 적용되지 않고, 예외적으로 적용되더라도 그 한계를 지켜야 한다.

우리는 오랫동안 개인의 자유와 공동체의 유지를 사적 이익과 공적 이익의 관계로 치환해 '멸사봉공滅私奉公' '선공

후사先公後私'를 도덕적 가치로 강조해왔다. 하지만 이는 공동체의 윤리로 인정될 수 있을 뿐, 개인에게 강제로 요구할 수는 없다. 멸사한 후에는 봉공할 여지가 없고, 공을 우선하고 사를 경시하는 것은 인간의 본능에도 부합하지 않다. 이러한 윤리는 지속적으로 작동되기 어렵다. 개인의 자유 증진이 공동체의 발전에 도움이 되고, 국가의 발전이 개인의 자유와 행복의 전제조건이 되는 선순환이 이루어질 때 비로소 자유민주주의는 실현될 수 있다.

헌법은 제10조에서 인간의 존엄과 가치, 행복추구권을 천명하고 있다. 인간이 존엄한 존재로서 가치를 가지려면 공적 영역과 사적 영역에서 자유민주주의가 조화롭게 실현되어야 한다. 특히 헌법이 보장하는 기본권은 대부분 '~하는 자유'나 '~할 권리'라고 표현되지만, 행복추구권은 '행복할 권리'가 아니라 '행복을 추구할 권리'를 인정한다. 사실 행복이란 추상적이고 주관적이며 상대적인 개념이어서 규범적으로 확정하기는 매우 어렵다. 헌법에서 규정하는 모든 기본권은 행복추구권에 포함될 수 있을 정도로 광범위하고 그 해석의 방향도 다양하다. 때문에 행복추구권은 평등권과 더불어 헌법소원심판에서 가장 자주 제기되는 기본권이기도 하다.

헌법의 행복추구권이라는 표현 안에는, 인간이란 행복할 수 없고 단지 추구할 수 있을 뿐이라는 철학적 함의가 담겨 있을 수 있다. 인간에게 행복이란 고통의 부재, 즉 잠시 고통이 없을 때 느끼는 쾌감이며 직전 고통이 클수록 더 크다고 할 수 있다. 이러한 인간 본성에 비추어 봤을 때, 행복추구권은 사적 영역에서의 개인의 자유를 보장할 때 비로소 성립 가능하다. 행복추구권에 관한 사항을 공적 사안으로 객관화해 획일적으로 규율해서는 안 된다.

자유민주주의의 가치도 마찬가지다. 지금까지 살펴보았듯이 자유주의와 민주주의는 추상적이고 다양한 가치인 만큼 다양한 의미로 사용되고 있으며, 양자의 관계에도 서로 다른 다양한 관점이 존재한다. 따라서 자유민주주의는 국민주권과 법치국가라는 다른 헌법적인 가치와 조화를 이룰 때 그 규범적 의미를 더욱 잘 실천할 수 있다. 결국 헌법적 관점에서 자유민주주의는 국민주권을 이념적 기초로 하는 대한민국이 법치국가를 실현하는 방식으로 달성해야 하는 헌법적 가치라고 할 수 있다.

헌법의 해석과 관련해 우익과 좌익은
어떤 관점의 차이를 지니는가?

　　일반적으로 정치적 사상이나 입장은 그 지향점
에 따라 우익과 좌익으로 구분된다. 우익은 개인
의 자유를, 좌익은 평등을 국가의 최고 가치로 여
긴다. 이 용어는 프랑스혁명 때 국민의회에서 급
진파가 왼쪽에, 온건파가 오른쪽에 앉은 것에서
비롯되었다. 우익은 보수주의, 반동주의, 국가주
의 등과 겹치는 부분이 많고, 좌익은 진보주의, 사
회주의, 무정부주의와 혼용되기도 한다. 하지만

현대사회에서는 정치적 이념이 다양해 우익과 좌익을 명확히 구분하기 어렵다. 일반적으로 우익을 보수, 좌익을 진보와 동일한 의미로 사용한다.

헌법과 그 기본적 가치는 우익과 좌익의 관점에 따라 다르게 해석될 수 있다. 자유와 평등에 대한 개념은 물론 경제질서와 사회복지에 관해서까지 우익과 좌익은 그 강조하는 방점을 달리한다. 헌법 제119조 제2항에서 규정하는 경제의 민주화의 내용에 대해서도 우익은 용어 자체가 부적절하다고 비판하거나 인정하더라도 최소한의 생존권 보장으로 해석한다. 한편, 좌익은 이 용어를 적극적으로 용인하고 그 내용도 사회적 불평등의 개선까지 포함하는 것으로 해석한다. 의료보험 등 사회보장제도가 마련되어 있지 않은 미국은 우익의 방향성을, 세금을 통해 사회적 부담을 함께 나누는 스웨덴과 같은 유럽의 복지국가는 좌익의 방향성을 가졌다고 해석할 수도 있다.

자유민주주의에 대해서도 우익과 좌익은 그 지향점을 달리한다. 헌법이 '자유민주적 기본질서'

와 '민주적 기본질서'를 혼용하고 있으므로 이를 통일적으로 규정해야 한다는 점에 대해서는 동일하다. 하지만 구체적인 개헌 방안에 대해 우익은 '자유민주적 기본질서'로 통일할 것을, 좌익은 '민주적 기본질서'로 통일할 것을 주장한다.

관련해 우리 사회에서는 우익과 좌익보다 보수와 진보라는 용어가 일반적으로 사용되고 있지만, 보수와 진보라는 용어는 체계적으로 정합하지 않는 측면이 있다. 어떤 현상을 지키는 것이 보수保守라면 그 반대말은 개혁改革이 되어야 한다. 한편 진보進步의 반대말은 퇴행退行이다. 보수라는 용어가 변화와 개혁에 반한다는 부정적 의미를 지니는 것과 달리, 진보는 용어부터 긍정적인 가치를 내포하고 있어 도덕적으로 우월한 위치를 점할 수밖에 없다. 보수는 좋은 것이나 나쁜 것이나 모두 지키려고 하는 것으로 인식되고, 진보는 언제나 잘못된 것을 고쳐나가는 것으로 인식되기 쉽다. 따라서 정치적 이념을 표현할 때는 우익과 좌익으로 구분하는 것이 더 적절할 것으로 보인다.

4부

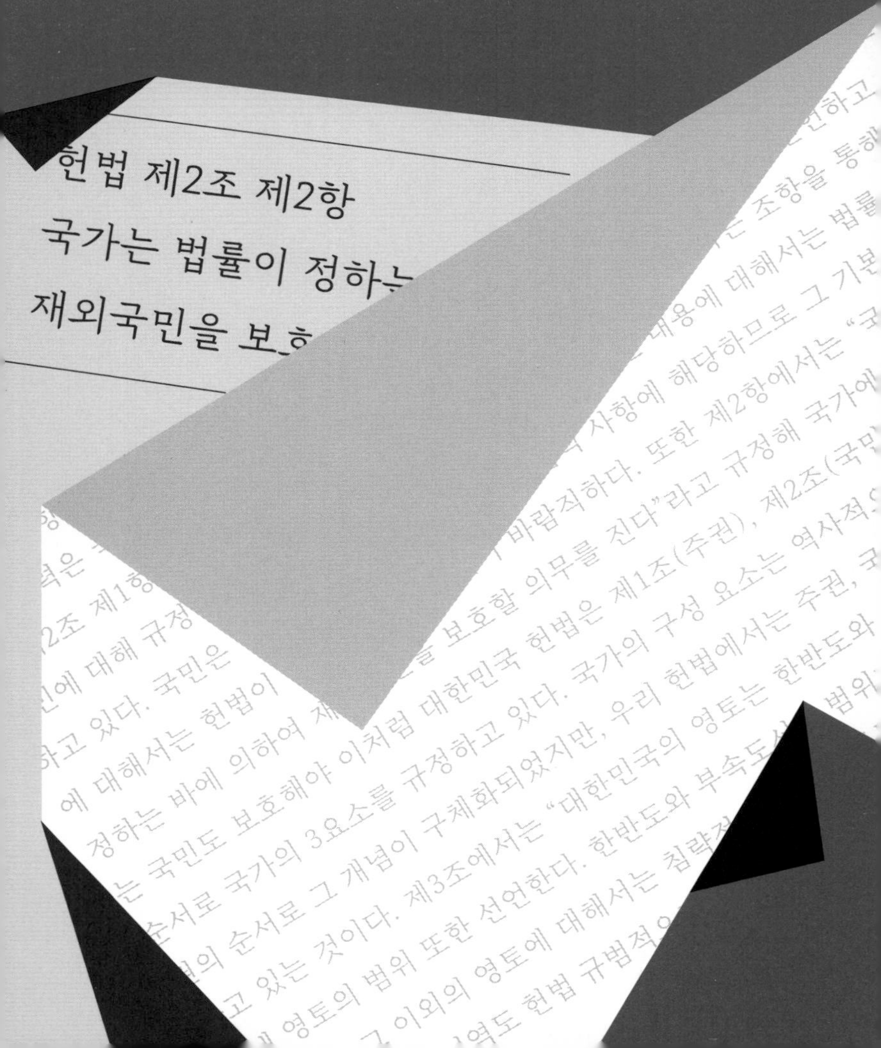

대한민국은

평화적
통일을

지향한다

평화와 통일

헌법은 존엄과 가치를 지닌 개인이 자유롭고 평등한 사회에서 행복을 추구할 권리를 보장한다. 헌법이 추구하는 본질적인 가치는 평화와 맞닿아 있으며, 한반도의 통일은 그 과정과 결과가 될 것이다.

헌법의 궁극적 가치는
'평화'다

인간에게 평화는 가능한가

국민주권, 법치국가, 자유민주주의는 대한민국을 건설할 때부터 현실에서 구체적으로 실현해야 할 헌법적 가치였고, 우리 헌정사는 이를 실천하기 위해 노력해온 과정이었다. 그리고 그 노력은 현재진행형이다. 이제 대한민국 헌법은 평화와 통일로 나아가야 한다. 헌법의 보편적인 미래상이 평화라면, 한반도의 특수한 미래상은 통일이다.

　국민주권, 법치국가, 자유민주주의는 그 개념과 기본적 내용이 확정되어 있는 만큼 구체적으로 실현할 방안을 모색하는 것이 중요하다. 하지만 평화와 통일은 아직 그 개념이나 기본 방향이 규범적으로 확정되지 않고 개방적인 상태다. 따라서 평화와 통일에 관한 헌법 규정의 규범력은 약한 편이며, 대한민국의 현재를 적실성 있게 규율하지 못하고 있는 실정이다. 하지만 평화와 통일은 대한민국의 미래를 좌우하는 헌법적 가치다. 국민주권, 법치국가, 자유민주주의는 개인과 국가, 나아가 세계의 평화를 실현함으로써 완성된다. 따라서 한반도의 통일을 이루지 않고서는 그와 같은 헌법적 가치는 미완성일 수밖에 없다.

평화란 무엇일까? 인간은 누구나 평화로운 삶을 살고자 하지만 평화를 명확하게 특정하기는 매우 어렵다. 사전적으로 평화는 '평온하고 화목함'이라는 의미로, 그 개념은 명확하지 않다. 보통은 소극적으로 '폭력이 없는 상태'를 의미하는데 '폭력' 또한 평화만큼 확정하기 어려운 개념이기에 정확하게 다가오지 않는다.

사실 평화란 개인의 주관적 감정에 좌우되는 경우가 많아서 어떤 사람에게는 평화가 다른 사람에게는 평화가 아닐 수도 있다. 또한 인간은 다른 사람과의 비교를 통해 평화를 상대적으로 인식하기도 한다. 스스로 폭력적인 상태에 있어 평화롭지 않다고 생각하다가도, 더 폭력적인 상태에 놓여 있는 다른 사람을 보게 되면 자신의 상황을 평화롭게 느끼기도 한다. 물론 반대의 경우도 있다.

평화를 폭력의 부재로 이해하는 소극적 평화는 평화의 내용과 범위를 특정하지 못한다. 이에 적극적 평화의 개념이 등장하는데, 적극적 평화란 폭력의 부재에 그치지 않고 평온하고 화목한 상태를 실현하는 조건과 능력을 갖춘 상태를 말한다. 소극적으로 폭력이 없다는 것만으로는 평화가 실현될 수 없다는 현실을 인식하고 보다 적극적으로 평화를 실현해야 하며, 이를 위해 실질적인 제도 장치를 마련해야 한다는 것이다. 이러한 개념의 구분은 앞서 설명한 소극적 자유와 적극적 자유를 떠올리게 한다.

결국 평화는 소극적 측면과 적극적 측면을 모두 가지며, 평화를 바라보는 관점에 따라 다르게 이해할 수 있을 뿐이다. 최근에는 평화를 실현하는 문제를 전문적으로 연구하는 것이 독자적인 학문 분야로 자리 잡고 있다. 1950년대 전후에 유럽을 중심으로 등장한 평화학이라는 학문이 그것이다. 평화학을 창시한 노르웨이의 사회학자 요한 갈퉁Johan Galtung은 평화의 적극적 측면을 강조했다. 이에 따르면 결국 평화란 '전쟁과 같은 물리적 폭력은 물론, 억압적 정치 시스템에 따른 사회구조적 폭력, 성이나 소수에 대한 차별과 같은 문화적 폭력, 자연에 대한 생태적 폭력과 그 가능성이 없는 상태, 그리고 이러한 조건과 능력을 갖춘 상태'로 정의할 수 있다. 평화학에서 설정한 평화의 개념과 내용은 다음과 같이 구체화된다.

첫째, 평화가 그 부재로 상정하는 폭력에는 전쟁이나 살인과 같은 물리적 폭력뿐만 아니라 사회에서 구조화된 억압적 분위기나 개인에게 심리적으로 폭력을 행사하는 사회심리적 폭력까지 포함된다. 사회심리적 폭력은 사회에 구조적으로 내재화되어 개인을 영속적으로 지배하기 때문에 물리적 폭력보다 훨씬 더 위험하고 무서울 수 있다. 평화란 물리적 폭력과 사회심리적 폭력이 없고, 이러한 상태를 만들기 위한 조건과 능력을 갖출 때 실현될 수 있다.

둘째, 폭력은 현실적으로 발생한 것뿐만 아니라 잠재적 가능성으로 존재하는 것도 포함한다. 현실에서 폭력이 실제 발생한 경우 평화롭지 않은 것은 당연하다. 그러나 언제든지 폭력이 발생할 수 있는 불안한 상태에서 또한 평화로울 수 없다. 물리적 폭력은 현실적으로 드러난 경우와 잠재적 가능성으로 존재하는 경우가 비교적 선명하게 구별된다. 하지만 사회심리적 폭력에서 이들은 구별되지 않거나 잠재적 가능성으로 존재하는 경우가 대부분이다. 따라서 평화를 실질적으로 구현하기 위해서는 사회심리적 폭력을 사전적으로 예방하고, 사후적으로 제거하는 것이 중요하다.

셋째, 평화의 범주를 인간에 제한하지 않고 자연의 평화를 지향하는 생태평화 또는 녹색평화까지 확장시킨다. 이러한 입장은 자연을 전체적인 유기체로 이해하고 인간도 자연의 일부라는 점에 주목한다. 자연의 평화가 파괴되면 그 자체가 인간에게 폭력이며, 인간도 평화로울 수가 없다. 다만 평화의 대상이 되는 자연의 범위를 어디까지 확장할 것인지를 정하고, 일정한 범위로 제한해야 한다. 자연의 범위를 지나치게 확장하면 헌법의 규범력이 약화될 문제가 있다. 헌법은 국가를 전제로 하고 국가가 현실적으로 규율할 수 있는 자연에는 한계가 있기 때문이다.

이처럼 평화라는 개념은 평화를 바라보는 관점에 따라 그 범위가 달라진다. 한편, 평화라는 개념이 어려운 것과 별개로 인간에게 평화란 불가능한 것이라고 생각할 수도 있다. 인간은 누구나 권력의 획득, 보존과 확장의 욕망을 가지고 있으며, 이러한 본능을 고려할 때 인간 세계에 폭력이 없거나 폭력의 잠재적 가능성이 없는 상태는 결코 존재할 수 없기 때문이다. 이러한 관점에 따르면 평화란 폭력 또는 폭력의 잠재적 가능성이 일시적으로 부재한 것에서 느끼는 착각일 수 있다. 충분히 설득력이 있는 주장이며, 이처럼 평화는 바라보는 관점에 따라 다양한 의미를 지닌다.

평화와 헌법이 만나는 지점

인간은 누구나 존엄과 가치를 가진 존재로서 행복하게 살기를 원하며, 그러기 위해서는 개인의 자유가 보장되어야 한다. 그러므로 서로 다른 생각과 생활방식을 가지는 정치적 동물이자 사회적 존재인 인간은 자유롭기 위해 평화를 보장받아야 한다. 평화가 없는 상태에서 개인은 자유를 누릴 수 없으며, 인간은 존엄할 수도 없고, 가치로운 존재가 될 수도 없다. 인간이 국가를 구성하는 것 또한 평화로운 삶을 위한 것이다. 이에 따라 대한민국 헌법은 인간의 존엄과 가치를 실현하는 것을 최고의 목표로 제시하면서 평화주의를 기본원리로 선언하고 있는 것이다.

평화학의 학문적 목표는 모든 인간이 고유한 존엄과 가치를 가지고 자유롭고 평등하게, 자신이 생각하는 행복을 추구하면서 살 수 있는 세계를 만드는 것을 향해 있다. 이

목표는 헌법이 지향하는 국가공동체의 모습이며, 바로 이 지점에서 평화와 법은 만난다. 개인에게 자유를 보장하고 평화로운 세계를 구성하는 것이 국가공동체 성립의 이유이고, 이러한 국가공동체가 궤도를 이탈하지 않도록 규정하고 있는 것이 헌법이기 때문이다.

이때 법과 평화는 서로에 어떤 의미를 가질까? 법과 평화는 서로 상관관계를 맺으면서 이중적 의미를 가진다. 우선, 평화는 법의 목적이고, 법은 평화를 실현하는 수단이다. 인간이 행복하게 살기 위해서는 평화가 전제되어야 하며, 이때 법은 폭력을 반대하고 평화를 실현하는 강력한 제도적 장치다. 서로 다른 이해관계가 대립하는 곳에서는 폭력이 발생하기 쉽고, 폭력이 있는 곳에서는 다양한 가치가 공존할 수 없다. 이때 법은 서로 다른 인간의 생각과 생활 방식이 공존할 수 있도록 조정하는 기술로 작용한다.

법의 목적인 평화는 법의 정당성 여부를 판단하는 규범적 기준이 된다. 즉 평화에 기여하는 법은 정당한 법이고, 평화에 장애가 되는 법은 정당하지 않는 법이라고 판단할 수 있다. 법은 폭력을 배제하고 평화를 실현하기 위해 국가권력에 강제력을 부여한다. 그러므로 국가권력은 평화를 실현하는 법에 의해 행사될 때만 정당화된다.

또한 법은 평화의 내용과 범위를 확정하고, 평화를 실현하는 절차를 규율하는 통제규범으로 기능하기도 한다. 법은 특정한 개인이나 집단의 관점에서 머무르지 않고 국가전체의 관점에서 모든 인간의 평화를 목적으로 추구한다. 어떤 사람의 평화가 타인에게는 폭력일 수 있으므로, 평화와 폭력은 개인의 주관적인 판단이 아니라 객관적인 법에 의해 확정되어야 한다.

따라서 평화란 법적 이념에 부합하는 경우에만 가치 있으며, 평화의 구체적 내용과 범위는 법에 의해 허용되는 경우에만 보장된다. 평화는 국민주권, 법치국가, 자유민주주의 등 헌법의 기본원리와 조화롭게 실현되어야 하는 것이다. 또한 평화를 실현하는 수단도 법적 이념에 부합하는 경우에만 허용된다. 적법절차의 원리에 어긋나는 경우에는 헌법적 가치로 보장받을 수 없기에 폭력적 방법으로 평화를 실현하는 것은 허용되지 않는다.

법은 국가를 전제로 하고, 현대사회에서 국가는 가장 강력한 권력체다. 이러한 국가는 법을 통해 권력을 행사하므로 법 역시 폭력적인 속성을 가진다고 볼 수 있다. 그렇다면 어떻게 법과 평화가 공존할 수 있을까? 먼저, 평화와 법은 공통의 목적을 추구한다. 평화는 법의 목적이지만, 궁극적으로는 인간의 행복을 실현하기 위한 것이다. 모든 인간은 존엄과 가치를 기반으로 자유롭고 평등하게 행복을 추구할 수 있는 국가를 지향한다. 그리고 이는 평화의 목적일 뿐만 아니라 법의 목적이기도 하다. 또한 평화와 법은 인간이라는 보편성을 전제로 하면서도 개인이 갖는 고유한 독자성을 인정한다. 자연적 존재로서 개인을 넘어 사회적 존재로서 인간이 서로 소통하고 공존하는 세계를 지향한다.

또한 평화와 법은 어느 일방이 전제나 조건이 되는 것이 아니라 서로에게 영향을 주고받으면서 관계한다. 평화와 법은 동전의 양면과도 같으며, 상호의존적이고 선순환적 작용을 통해 서로에게 의미를 부여하고 강화한다. 법이 없는 평화는 공허하고, 평화가 없는 법은 무의미하다고 표현할 수 있다. 이러한 평화와 법의 선순환적인 작용은 법치국가의 핵심과도 같다. 개인의 사적 영역과 국가권력의 공적 영역의 평화가 깨졌을 때 이를 회복시키는 것이 법치의 핵심이기 때문이다. 그러므로 법치국가를 실현한다는 것은 평화를 유지한다는 말과 같다.

평화의 헌법적 근거

헌법은 개인 모두가 인간으로서 존엄과 가치를 가지고 자유롭고 평등하게 행복을 추구할 수 있는 국가를 지향한다. 사실 법이란 갈등과 분쟁을 전제로 하므로 평화가 달성된 곳에는 법이 필요하지 않고, 법이 필요한 상황에서는 평화가 없다.

그러나 헌법은 그 목적을 달성하기 위해 평화를 헌법적 가치로 선언하고 있다. 헌법이 상정하는 인간은 국가의 구성원인 국민인 동시에 사회상태의 개인이다. 즉 타인과 관계를 단절한 상태에 있는 고립된 개인이나, 개성과 자율성을 상실한 채 국가라는 유기체를 구성하는 부속품이 아니다. 헌법은 개인의 자유가 국가 발전의 조건인 동시에 국가의 발전이 자유의 전제가 되는 관계를 지향한다.

이러한 인식을 기초로 국가의 최고법인 헌법에서는 평화를 실현하기 위해 다양한 방식으로 평화를 규정하고 있다. 건국헌법을 제정하면서 전문에서 "밖으로는 항구적인 국제평화의 유지에 노력"한다고 규정해 평화를 헌법적 가치로 수용했고, 이후 아홉 차례 헌법을 개정하면서 평화를 더욱 구체화했다. 현행헌법은 전문에서 "평화적 통일의 사명에 입각하여 정의·인도와 동포애로써 민족의 단결을 공고히 하고, (…) 밖으로는 항구적인 세계평화와 인류공영에 이바지함으로써"라고 규정한다. 세계평화와 평화적 통일을 국가 목표로 제시하고 있는 것이다.

헌법의 기본원리가 담긴 총강에서는 더욱 구체적으로 평화 실현의 의지를 드러내고 있다. 특히 국제평화 유지와 평화적 통일을 직접적으로 선언하고 있다. 현행헌법은 처음으로 제4조에서 평화통일을 규정해, 대한민국은 통일을 지향하며, 자유민주적 기본질서에 입각한 평화적 통일 정책을 수립하고 이를 추진할 것을 천명했다. 통일 원칙으로 제시된 평화는 자유민주적 기본질서에 부합해야 하고, 자유민주적 기본질서 역시 평화와 조화를 이루어야 한다.

이외에도 제66조 제3항을 통해 대통령에게 조국의 평화적 통일을 위한 성실한 의무를 부과하고 제69조에서는 대통령이 취임할 때 조국의 평화적 통일을 달성할 것을 선서하도록 한다. 제92조에서는 평화통일정책의 수립에 관한 대통령의 자문기구로 민주평화통일자문회의에 대해 규정한다. 이러한 규정들은 모두 평화통일을 실천하기 위한 것으로 해석된다.

또한 제5조 제1항을 통해 국제평화의 유지에 노력하고 침략적 전쟁을 부인한다고 규정한다. 이는 1962년 개정헌법에서 처음 규정된 이후 지금까지 유지되고 있다. 헌법은 직접 평화라는 표현을 하지는 않지만, 실질적으로 평화를 실현하기 위해 다양한 내용을 규정하고 있다. 제6조 제1항에서는 헌법에 의해 체결·공포된 조약과 일반적으로 승인된 국제법규에 대해 국내법과 같은 효력을 부여하고, 제2조 제2항에서는 재외국민을 보호할 의무를 규정한다. 또한 제6조 제2항에서는 국제법과 조약에 따라 외국인의 지위도 보장한다고 규정함으로써 국제평화의 실현에 대한 의지를 구체적으로 밝히고 있다.

특히 제35조 제1항에서 모든 국민은 건강하고 쾌적한 환경에서 생활할 권리가 있고 국가와 국민은 환경보전을 위해 노력해야 한다고 규정해 생태평화를 지향하고 있다. 개인에게 환경권을 기본권으로 보장하는 동시에 환경보전을 위한 헌법적 의무를 부과하고, 국가에 개인의 기본권 보호와 환경보전을 위한 책무를 부여하고 있는 것이다. 사회복지국가와 문화국가를 국가 목표로 설정하는 것 또한 개인과 사회의 평화를 추구하는 것이다.

평화에는 의무가 따른다

헌법은 평화주의를 기본원리로 하여 국가와 개인에게 권리와 의무를 모두 부과한다. 평화는 모든 국가기관과 국민을 지도하는 이념으로, 국가는 평화를 실현해야 할 헌법적 의무를 진다. 평화는 헌법이 지향하는 목표를 달성하기 위해 국가기관을 조직하고 구성하는 최고의 규범적 기준이며, 국가권력을 행사할 때도 반드시 부합해야 하는 헌법적 가치다. 국가기관은 물론 국민도 평화에 대해 일정한 범위에서 권리를 가지며, 평화라는 헌법적 가치를 실현할 헌법적 의무를 진다. 헌법적 가치로서 평화는 다음의 규범적 의미를 갖는다.

첫째, 평화는 국가작용에 대해 정당성을 부여하고 통제하는 기준이다. 입법, 행정, 사법을 포함한 모든 국가작용은 평화를 실현할 때 정당화된다. 국회는 평화를 실현할 수 있도록 법령을 제정해야 하므로 평화는 입법의 방향과 지침을 제시하며, 입법권의 범위와 한계를 설정하는 기준이 된다. 국가권력에 정당성을 부여하고 권한 행사의 방식과 절차를 규정한다는 것은 한계를 설정하는 것을 의미한다.

정부가 평화를 실현할 수 있도록 국가정책을 수립하고

집행해야 하듯이, 법원도 평화의 헌법적 가치를 존중해 헌법 조항과 법령을 해석하고 적용해야 한다. 평화라는 헌법적 가치는 단순한 정치적 선언이나 프로그램이 아니라 현실적으로 법적 구속력을 갖는 규범이다. 따라서 모든 국가기관은 평화를 실현해야 할 헌법적 의무를 부담하며, 이에 위반되는 행위는 위헌이다. 다만, 국민이 위반한 경우에는 헌법에 의해 직접 법적 제재를 받지는 않는데, 국민의 헌법적 의무는 헌법을 구체화한 법률에 의해 확정되기 때문이다.

둘째, 평화는 헌법을 비롯한 모든 법령을 해석하는 기준이다. 현실적으로 평화의 규범적 의미는 헌법 해석을 통해 도출되지만, 역으로 평화는 헌법을 해석하는 기준으로 기능하기도 한다. 헌법은 국가의 기본원리, 국가의 조직과 구성에 관한 핵심적이고 기본적인 사항만 규정하므로 그 의미와 내용은 추상적이고 개방적이다. 따라서 헌법을 체계적이고 규범적으로 조화롭게 해석하기 위해서는 헌법 전체를 통일성 있게 해석해야 한다. 즉 헌법과 법령을 해석하는 과정에서 그 의미와 내용이 추상적이고 관념적일 경우에는 평화를 실현할 수 있는 방식으로 확정해야 하는 것이다.

셋째, 평화는 국가권력이 헌법적으로 정당하게 행사된

것인지 여부를 심사하는 기준이다. 국가권력이 헌법에서 규정하는 평화주의를 위반할 경우 이는 위헌이 되고, 헌법재판소는 이를 무효화하거나 위헌성을 확인할 수 있다. 이때 평화의 구체적인 의미와 내용은 역사적 상황과 조건에 따라 다양하게 나타날 수밖에 없으며, 추상적이고 관념적인 만큼 법률을 통해 구체화하지 않으면 특정할 수 없다. 헌법적 가치로서 평화가 재판규범이나 통제규범으로 기능할 경우에는 입법 재량이나 행정 재량이 폭넓게 인정된다.

따라서 국가작용이 평화조항을 위반해 위헌이 되는지 여부를 판단할 때는 적극적으로 평화를 실현하는 것인지 여부를 심사할 것이 아니라 소극적으로 평화를 침해하는지 여부를 심사해 결정해야 한다. 국가기관이 평화를 침해했다는 것이 명백하지 않은 경우 그 국가작용은 합헌으로 추정을 받게 된다. 평화는 모든 국가작용을 규율하므로 그 내용과 범위를 확정하는 것은 매우 중요하고, 이는 헌법재판소가 구체적 사건을 해결하는 과정에서 이루어진다. 평화가 헌법 해석을 통해 국민주권, 법치국가, 자유민주주의와 같은 다른 헌법적 가치와 조화를 이룰 수 있도록 그 내용과 범위를 확정하는 것이 헌법재판소의 역할이다.

국제사회 속에서 보는
우리 헌법의 과제

대한민국은 침략전쟁을 부인한다

대한민국 헌법은 제5조 제1항에서 대한민국은 국제평화 유지에 노력하고 침략적 전쟁을 부인한다는 규정을 통해 국제평화를 위한 침략적 전쟁을 금지하고 있다. 국가가 영토를 확장하거나 국가이익을 위해 수행하는 침략전쟁을 하면 그 자체가 헌법을 위반한 것이고, 이를 통해 국민의 생명과 재산 등을 침해한 경우에는 헌법이 보장하는 기본권을 침해하는 것이다. 이는 외국의 무력 공격으로부터 국민과 영토를 수호하기 위해 수행되는 자위전쟁과 대응된다. 즉 침략전쟁은 금지되지만 국가를 보위하고 국민의 안전을 지키기 위한 자위전쟁은 허용된다.

어떤 국가라도 외국으로부터 침략을 받게 되면, 국가공동체의 존립과 안전을 유지하기 위해 그 침략에 대응해 전쟁을 할 수밖에 없다. 이러한 자위전쟁을 금지하게 되면, 외국의 부당한 침략으로부터 국가공동체를 수호할 수가 없기에 자위전쟁은 허용되는 것으로 이해할 수 있다. 세계의 모든 국가가 침략전쟁을 개시하지 않으면 자위전쟁은 발생하지 않으므로, 헌법에서 침략전쟁을 금지하는 것만으로도 충분히 국제평화는 유지할 수 있다고 볼 수 있다.

하지만 국제사회의 현실에서 침략전쟁과 자위전쟁을 명확하게 구별하기는 어렵다. 어떤 국가가 전쟁을 개시할 경우 대외적으로 전쟁의 명분과 정당성을 선포할 것이며, 스스로 침략전쟁이라고 선언하는 경우는 없을 것이다. 또한 침략전쟁인지 자위전쟁인지를 누가 결정할 것인지도 문제다. 세계국가가 없는 상황에서 객관적이고 중립적으로 침략전쟁 여부를 판단할 주체가 존재하지 않고, 이는 고도의 정치적이고 외교적인 사항에 해당되어 특정 국가의 사법부가 법적 잣대만으로 판단하기는 어렵기 때문이다.

헌법은 제5조 제2항에서 국가는 스스로 존립과 안전을 위해 군대를 보유하는 것을 전제로 국군에게 국가의 안전을 보장하고 국토를 방위할 것을 신성한 헌법적 의무로 부과하고 있다. 이에 따라 국군이 군사력을 행사하는 것은 국가의 안전보장과 국토방위를 위한 자위전쟁인 경우에만 정당화된다. 이외에도 헌법은 대통령의 국군통수권, 국가안전보장회의, 군사법원, 선전포고 등에 대한 국회의 동의를 비롯한 군사적 조치와 관련된 사항을 규정하는데, 이들은 모두 침략전쟁이 아닌 자위전쟁을 전제로 한다.

국군의 정치적 중립성은 국가권력이 국군을 정치적으로 이용해서는 안 되고, 국군도 정치에 간섭해서는 안 된다는 것을 의미한다. 대통령은 국군통수권을 가지지만 이를 정치적 목적으로 사용해서는 안 된다. 국군 또한 특정한 정파적 이익을 위해 정치에 관여해서는 안 된다. 헌법은 현역을 면한 후가 아니면 군인이 국무총리나 국무위원으로 임명될 수 없도록 규정하고 있다. 이는 우리 헌정사에서 국군이 정치에 개입해 민주주의를 파괴한 역사적 현실을 반영한 것이다. 하지만 성공한 쿠데타는 정당화된다는 논리가 있는 것처럼 국가의 어떤 조치가 국군의 정치적 중립성을 위반했는지 여부를 결정하는 것은 어려운 일이다.

또한 헌법은 제39조에서 모든 국민에게 국방의 의무를

부과하고, 누구든지 병역의무의 이행으로 불이익한 처우를 받지 않도록 규정한다. 남북한이 분단되어 군사적으로 대치된 상황에서 헌법은 대한민국을 수호하기 위해 모든 국민에게 국방의 의무를 부과하고 있다. 이와 동시에 병역의무를 이행한 경우에는 이 때문에 불이익한 처우를 받지 않도록 하고 있다.

오랫동안 공무원시험에서 인정된 군필자들에 대한 가산점 부여 제도는 1999년 헌법재판소의 판단에 따라 위헌으로 결정되었다. 평등권, 공무담임권, 그리고 직업선택의 자유를 침해한다는 것이 그 이유였다. 헌법재판소는 헌법이 병역의무를 이행한 사람을 적극적으로 특별히 우대할 것을 규정한 것이 아니라 소극적으로 불이익하게 처우하지 말 것을 규정한다는 점을 고려한 것으로 보인다. 제대군인의 가산점제도에 대한 논란은 현재까지도 계속되고 있다.

국제평화의 유지 책무

현대국가는 과학기술의 발전과 정보화에 따라 세계화가 촉진되고 있으며, 이에 따라 국제적 차원에서 평화와 안전이 중요한 과제가 되고 있다. 이제 한 국가에서 평화가 유지되더라도 국제사회의 평화가 보장되지 않으면 소용이 없게 되었다. 개인의 행복한 삶을 위해서는 국가 내부의 평화뿐만 아니라 국제사회의 평화가 반드시 필요하다. 평화 또한 한 국가의 경계를 넘어 국제화되고 있는 것이다.

헌법 제5조 제1항이 침략전쟁을 부인하는 데 그치지 않고, 국가에 국제평화 유지에 노력할 헌법적 의무를 부과한 것도 같은 맥락이다. 소극적으로는 침략전쟁을 금지하고 있지만, 적극적으로는 국제평화의 유지에 노력해야 한다는 것이다. 침략전쟁을 금지하고 국제평화의 유지에 노력해야 하는 주체는 대한민국이고, 여기에는 국가기관과 국민 모두가 포함된다. 따라서 대한민국이 침략전쟁을 하지 않는 것만으로는 국제평화의 유지에 노력할 의무를 이행했다고 할 수 없다. 그러나 국제평화의 유지에 노력할 의무가 무엇인지는 명확하지 않다.

이에 대해 헌법재판소는 자위권을 발동하는 것이 아니더라도 국제평화를 위해 군사적 활동을 전개하는 것은 허용될 수 있다고 판단했다. 유엔 등 국제기구의 결의에 따라 전투병 또는 비전투병을 외국에 파견하는 것이나 의료나 구호 등의 활동을 전개하는 것은 국제평화의 유지를 위해 노력해야 하는 헌법적 의무에도 부합한다는 것이다.

국가가 국제평화의 유지에 노력해야 하는 것이 헌법적 의무로 부여된 만큼, 이를 위반하는 것은 위헌이다. 따라서 국제평화 유지에 노력할 의무의 위반 여부는 헌법재판에서 매우 중요하다. 위헌으로 판단되면 그 법률이 무효화되는 등 강력한 법적 효과가 발생하기 때문이다. 하지만 평화의 개념을 확정하는 것만큼 국제평화의 유지에 노력해야 하는 것이 무엇인지를 판단하는 것은 매우 어렵다.

헌법재판소는 국제평화주의를 헌법원리로 수용하면서도 국제평화 유지에 노력할 의무에 대한 위헌심사 기준은 명확하게 제시하지 않고 있다. 실제로 헌법재판소는 국가의 존립·안전과 국민의 생존 및 자유를 수호하기 위해 국가보안법의 해석·적용상 북한을 반국가단체로 보고 이에 동조하는 반국가활동을 규제하는 것 자체가 헌법이 규정하는 국제평화주의에 위반된다고 할 수 없다고 판단했다 (1997. 1. 16. 92헌바6 등).

국가가 국제평화 유지를 위해 노력할 의무는 소극적인 국가의 부작위만으로는 충분하지 않다. 국가는 적극적으로 법령과 제도를 만들어 국제평화 유지에 노력해야 한다.

그렇다면 국가는 국제평화 유지를 위해 구체적으로 어느 정도의 노력을 해야 헌법적 의무를 이행한 것이며, 헌법 위반에 해당하지 않을까? 그러나 이에 대한 국제적 규범도 존재하지 않아 노력의 정도에 일반적 기준을 제시하는 것은 매우 어렵다. 또한 국제평화 유지는 국가의 안전을 포함하는 고도의 정치적·외교적인 문제와 밀접하게 관련되어 있어 헌법재판소가 법적 판단만으로 그 기준을 확정하기가 적절하지 않은 경우도 있다.

따라서 헌법재판소는 국제평화와 관련된 개별적 사안의 성질과 국가이익이 제한되는 정도, 서로 상충하는 법익을 형량해 구체적 사안에서 국가가 국제평화 유지에 노력할 의무를 위반했는지 여부를 판단해야 할 것이다. 국가가 평화에 대한 헌법적 의무를 위반했다고 인정하기 위해서는 헌법이 국가에 구체적인 의무를 부과해야 한다. 그러므로 국가가 아무런 조치를 취하지 않았거나, 취한 조치가 법익을 보호하기에 전적으로 부적합하거나 매우 불충분한 것임이 명백한 경우에 한해 헌법 위반이 성립된다고 할 수 있다. 이때에도 헌법재판소는 국가가 국제평화 유지에 노력할 헌법적 의무를 위반했음을 확인할 수 있을 뿐, 국가에 특정한 조치를 취할 의무를 부과할 수는 없다. 이는 권력분립의 원칙에 위반되기 때문이다.

국제법이란 무엇인가

국제법이란 국제사회에서 국가 사이에 명시적 또는 묵시적으로 합의한 것에 기초해 형성된 법률체계를 말한다. 이러한 국제법은 전통적으로 국가 상호 간의 관계를 규정하는 것이었으나, 최근에는 개인이나 국제연합 등 국제조직도 법률관계의 당사자로서 국제법 주체로 인정되고 있다. 국제사회에서 평화가 보장되기 위해서는 국제법이 존중되어야 하고, 국가 사이에 발생하는 분쟁은 국제법에 의해 평화적으로 해결되어야 한다. 하지만 국제사회에는 국제법의 규범력을 실효적으로 집행할 수 있는 세계국가나 정부가 마련되지 않아 법규범으로서의 효력에는 한계가 있는 것이 사실이다.

그렇다면 국내법과 국제법은 어떤 관계가 있을까? 양자를 다른 법체계로 이해하는 이원론에 따르면 서로 모순되거나 충돌할 여지가 없다. 하지만 양자를 하나의 법체계로 이해하는 일원론에 따르면 국제법은 국내법과 모순되거나 충돌할 수 있다. 이때는 국제법의 효력을 국내법과 서로 조정할 필요가 있다. 앞서 언급했듯이, 헌법 제6조 제1항은 헌법에 의해 체결·공포된 조약과 일반적으로 승인된 국제법규에 국내법과 같은 효력을 부여하고만 있을 뿐 일원론이나 이원론의 여부를 명확하게 규정하고 있지 않다. 그러나 보통 일원론으로 해석하는 것이 일반적이다.

조약이란 국가 등 국제법의 주체 상호 간에 권리와 의무에 대한 법적 효과를 발생시킬 목적으로 문서로 이루어진 합의를 말한다. 조약의 판단 기준은 그 명칭과 관계없이 실질적인 내용과 규범력에 있다. 이 또한 헌법 제6조 제1항의 규정만으로는 의미가 명확하지 않다. 원래 국내법에는 헌법, 법률, 명령 등이 포함되지만, 조약은 헌법보다 하위의 효력을 가지며, 법률 또는 명령과 동일한 효력을 갖는다고 해석된다.

이에 대해 헌법재판소는 조약도 위헌법률심판의 대상인 법률에는 포함된다고 판단한다. 법원도 국회의 동의를 요하는 조약은 법률과 동일한 효력을 가지며, 국회의 동의를 요하지 않는 조약은 대통령령과 같은 효력을 가진다고 판단하고 있다. 이는 일원론에 따라 조약은 헌법보다 하위의 법령이라고 해석한 것이다.

조약은 헌법에 의해 체결·공포된 경우에만 국내법적 효력을 가지므로 헌법이 조약의 권원이 된다. 헌법 부칙 제5조도 헌법 시행 당시의 법령과 조약은 헌법에 위배되지 않는 한 효력을 지속한다고 규정하고 있는 만큼 헌법이 조약보다 상위의 효력을 가진다는 선언으로 이해할 수 있다. 또한 헌법은 대통령의 조약체결권을 인정하면서도 제60조 제1항에서 상호원조 또는 안전보장에 관한 조약 등 중요한 조약이나 입법사항에 관한 조약에 대해서는 사전에 체결·비준에 대한 동의권을 국회에 부여하고 있다.

이는 헌법 제6조 제1항이 헌법에 의해 체결·공포된 조약과 국내법에 같은 효력을 부여함으로써 국회의 입법권에 대한 예외를 인정하고 있는 것에 상응한다. 즉 국회의 입법권을 보장하고, 권력분립의 이념에 따라 대통령의 조약체결권에 대한 행정부를 통제하기 위해 입법권의 본질적인 내용에 해당하는 중요한 조약에 대해서는 국민의 대표기관인 국회의 동의 절차를 거치도록 한 것이다. 이에 따라 국회의 동의를 받은 조약은 법률과 동일한 효력을 가지며, 그렇지 않은 조약은 행정명령과 동일한 효력을 갖는다.

최근 유럽연합 등 국제공동체가 발전하고 보편적 인권 보장이 강조됨에 따라 독일과 프랑스 등 일부 국가에서는 국제법규가 자국의 헌법보다 상위의 효력을 갖는다는 것을 헌법에 직접 규정하는 사례가 증가하고 있다. 이러한 세계화에 따라 헌법과 동일하거나 헌법 우위의 효력을 갖는 조약도 인정될 것으로 예상된다.

한편, 국내법과 동일한 효력을 갖는 일반적으로 승인된 국제법규란 세계 대다수 국가가 승인하고 있는 법규를 말한다. 여기에는 성문의 국제법규와 국제관습법은 물론 일반적으로 승인된 조약도 포함된다. 다만 우리나라가 체결한 조약은 헌법에 의해 체결·공포된 조약에 포함되므로 일반적으로 승인된 국제법규에는 포함되지 않는 것으로 해석해야 한다. 우리나라가 승인하지 않았더라도 국제사회의 보편적 규범으로 인정되는 것은 일반적으로 승인된 국제법규에 해당한다. 그러나 일반적으로 승인된 국제법규인지를 판단하는 것은 매우 어렵다. 최종적으로는 법원이 당시의 역사적 상황에서 재판의 준거로 삼을 것인지를 결정하는 과정을 통해 확정될 것이다.

관련해 헌법재판소는 인권에 관한 세계선언을 일반적

으로 승인된 국제법규가 아니라고 판단했고(1991. 7. 16. 89헌가106), 양심적 병역거부권의 보장에 관한 국제관습법이 형성되었다고 할 수 없다고 판단했다(2011. 8. 30. 2008헌가22). 또한 대법원은 정치범 불인도의 원칙은 국제관습법에 해당하지만, 정치적 피난민에 대한 보호는 일반적으로 승인된 국제법규에 해당하지 않는다고 판단한 적이 있다(1984. 5. 22. 84도39).

헌법은 일반적으로 승인된 국제법규에 대해서는 조약과 같이 국회의 동의 절차를 요구하지 않는다. 그 효력에 대한 판례도 확립되어 있지 않기에 이에 대해서는 조약에 관한 사례를 적용해 효력을 유추할 수 있을 것이다. 즉 일반적으로 승인된 국제법규는 헌법보다 하위의 효력을 가지지만, 법률과 명령·규칙과의 관계에서는 개별적으로 그 내용과 성격을 고려해 판단해야 할 것이다. 이때 일반적으로 승인된 국제법규는 헌법보다 하위의 효력을 가지므로 그 위헌성에 대해 규범 통제를 할 수 있는데, 즉 일반적으로 승인된 국제법규가 법률과 동일한 효력을 가질 경우에는 헌법재판소가, 명령·규칙과 동일한 효력을 가질 경우에는 대법원이 각각 최종적으로 위헌 여부를 심사한다.

국제사회의 일원으로서 풀어야 할 문제

앞서 살펴봤듯이 헌법은 국제평화를 기본원리로 선언하고 있는 만큼, 침략전쟁을 금지하고 국군의 정치적 중립성을 보장함과 동시에 군사력을 국가의 안전보장과 국토방위를 위해서만 행사하도록 규정한다. 하지만 국제평화의 유지에 대한 규범적 요건과 한계에 대한 기준이 명확하지 않고, 지금 벌어지고 있는 세계의 수많은 군사적 분쟁에 대해서도 국제평화 유지 의무를 어떻게 적용해야 하는지 뚜렷한 기준을 제시하고 있지 않다. 그리고 국제관계와 한반도의 지정학적 특징, 남북한의 분단 상황, 그리고 단일민족국가라는 공동체 의식 등으로 국제평화 유지에 대한 노력에 장애와 한계가 있는 것도 사실이다. 따라서 국제평화 유지를 위해 다양한 법과 제도를 마련하고 이를 실천하기 위한 노력을 강화해나가야 할 것이다.

하지만 침략전쟁이나 국군의 정치적 중립성 위반 여부를 판단하는 것 또한 고도의 정치적이고 외교적인 행위이며, 이를 누가 결정할 것인지도 매우 어려운 문제다. 이는 이른바 '통치행위'에 해당할 수 있어 사법심사의 대상에서 제외된다는 논의도 있다. 대법원은 과거 대통령의 비상계

엄 선포 행위에 대해서는 통치행위에 해당한다는 이유로 사법심사를 하지 않았으나 12·12 사태, 5·18 광주민주화운동, 그리고 대북송금 사건에 대해서는 사법심사의 대상에 포함시켰다. 한편, 헌법재판소는 통치행위라고 하더라도 기본권 침해와 관련된 사항에 대해서는 사법심사의 대상에 포함시킨 적이 있으나, 국군의 이라크파병에 대해서는 고도의 정치적 판단을 필요로 하는 통치행위로 인정하고, 이를 사법심사의 대상이 아니라고 판단하기도 했다.

국제평화의 유지를 위해 현재 제정되어 있는 법률에는 '국제연합 평화유지활동 참여에 관한 법률' '국제개발협력기본법' '국제문화교류 진흥법' '한국국제협력단법', '한국국제교류재단법' '한국국제보건의료재단법' '국제협력요원에 관한 법률' '국제형사재판소 관할 범죄의 처벌 등에 관한 법률' '유네스코 활동에 관한 법률' 등이 있다. 특히 2010년 제정된 '국제연합 평화유지활동 참여에 관한 법률'은 국제평화의 유지를 위한 기본법으로, 국제연합 평화유지활동에 참여할 파견부대와 참여 요원의 파견 등에 관한 사항을 규정한다. 정부가 국제연합 평화유지활동에 참여하기 위해 국군을 해외에 파견하거나 파견을 연장하는 경우에는 사전에 국회의 동의를 받아야 하고, 매년 활동 성과 등을 국회에 보고해야 한다.

국제평화 유지란 단순히 물리적인 전쟁이 없는 것이 아니라 분쟁과 갈등이 생겼을 때 이를 합리적 및 효율적으로 해결하는 것도 포함된다. 따라서 이를 뒷받침하는 구체적인 법제도를 마련하는 것이 중요한데, 현행 법률들은 국제연합 평화유지활동이나 국제개발협력 등 제한된 범위에서 특정한 사안에 대한 국제적 지원을 위한 것에 그치고 있다. 따라서 국회는 국가가 국제평화의 유지를 위해 노력할 수 있는 기본법을 제정해야 하며, 여기에는 구체적인 내용과 절차가 규정되어야 할 것이다. 이를 통해 국가가 국제평화의 유지를 위한 헌법적 의무를 다하지 못한 경우에는 규범적으로 통제할 수 있는 장치 또한 마련해야 한다.

현재 대한민국은 국제사회의 일원으로서, 유엔을 비롯한 국제기구에 가입하고 적극적으로 활동하며 다양한 국제조약에 가입하는 등 국제법을 존중하기 위해 노력하고 있다. 하지만 헌법은 국제법을 존중하는 차원에서 조약과 국제법규에 국내법과 동일한 효력을 부여하고 있을 뿐, 조약의 체결 절차와 구체적인 효력 발생에 관한 법률은 아직까지 마련되어 있지 않다. 조약에 대해서는 1980년에 가입한 '조약법에 관한 비엔나협약Vienna Convention on the Law of Treaties'에 따르고 있을 뿐, 조약 체결을 규율하는 법률은 제정되지 않은 상태다. 일반적으로 승인된 국제법규에 대해서도 아무런 법령이 존재하지 않고, 이에 관한 판례도 확립되지 않아 법적 공백 상태에 있다고 할 수 있다.

이는 앞으로 국제사회가 커지고 국제협력을 통한 세계화가 이루어질수록 더욱 큰 문제로 대두될 것이다. 따라서 제도적인 시스템을 통해 반드시 보완해나가야 한다. 헌법이 선언한 국제법의 존중을 실현하기 위해서는 조약의 종류와 형식, 조약을 체결하는 절차와 그 효력, 헌법이 국회의 사전 동의를 받도록 하는 조약에 해당하는지 여부에 관한 기준 등을 구체적으로 규정하는 법령을 제정해야 한다. 이와 함께 일반적으로 승인된 국제법규의 요건과 효력에 대해서도 보다 구체적인 규범적 기준을 마련해야 한다.

구체적 삶의 조건,
평화권

"국가는 재외국민을 보호할 의무를 진다"

대한민국 헌법은 제2조에서 대한민국의 국민이 되는 요건을 법률로 정하도록 하면서 국가에 법률이 정하는 바에 의해 재외국민을 보호할 의무를 부과하고 있다. 또한 제10조 단서에서는 국가에 개인이 가지는 불가침의 기본적 인권을 확인하고 이를 보장할 의무를 부과하고 있다. 이때 개인에 해당하는 기본권의 주체인 국민에는 재외국민도 포함된다. 세계화에 따라 현대국가에서는 해외에서 체류하는 국민이 상시적으로 증가하고 있는 만큼, 재외국민에게 주권자의 지위를 인정하고 재외국민이 기본권을 실효적으로 행사할 수 있도록 보장할 필요가 있다. 따라서 재외국민의 헌법적 지위를 명확히 하고, 재외국민 보호 의무의 헌법 규범적 효력을 규명하는 것이 필수적으로 요구된다.

재외국민의 보호는 건국헌법에서는 아무런 규정이 없었으나, 1980년 개정헌법에서 처음 등장한다. 현행헌법은 이를 보다 구체화해 법률이 정하는 바에 의해 국가가 재외국민을 보호할 의무를 진다고 규정했다. 재외국민을 보호하는 것을 국가의 헌법적 의무라고 선언한 것이다.

재외국민이란 대한민국 국적을 가지고 있으면서 외국에서 영주하거나 장기간 외국에서 체류하며 생활하는 사람을 말한다. 재외국민의 요건, 범위, 법적 지위에 대해서는 개별 법률이 다양하게 규정하고 있다. '재외동포의 출입국과 법적 지위에 관한 법률' '재외국민등록법' '재외국민의 가족관계등록 창설·가족관계등록부 정정 및 가족관계등록부 정리에 관한 특례법' '재외국민의 교육지원 등에 관한 법률' '여권법' '재외동포재단법' 등이 그것이다.

그러나 현재까지는 행정을 효율적으로 수행할 목적으로, 그 절차에 관한 사항만을 개별 법률로 제정했을 뿐 권리 보호를 위한 법제도를 체계적으로 마련하지는 못했다. 그러한 상황에서 2007년 헌법재판소가 재외국민에 대한 공직선거의 투표권 제한을 헌법 불합치 결정한 후 재외국민에 대한 법적 보호가 강화되기 시작했다. 이에 따라 2019년에 '재외국민보호를 위한 영사조력법'을 제정해 재외국민의 생명, 신체 및 재산을 보호하기 위한 국가의 영사조력에 관한 사항을 규정했으며, 2021년 1월에 시행될 예정이다.

'재외국민보호를 위한 영사조력법'은 국민이 안전하게 국외에 거주, 체류 및 방문할 수 있도록 국가가 재외국민 정책을 수립하고 행정적 또는 재정적 지원 등을 통해 영사조력할 것을 규정한다. 이를 위해 국가는 재외국민보호위원회를 구성하고, '영사관계에 관한 비엔나협약Vienna Convention on Consular Relations' 등 관련 조약, 일반적으로 승인된 국제법규 및 주재국 법령을 준수하면서 영사조력을 제공한다. 또한 해외 위난 상황이 발생한 경우에는 긴급 구조 등 비상 대책을 마련하고 지원하도록 규정하고 있다.

재외국민의 보호에 대한 헌법적 의미는 헌법재판소에 의해 여러 번 확인되었다. 헌법재판소는 재외국민 또한 대한민국의 인적인 존립 기반을 이루고 있으며(2006. 3. 30. 2003헌마806), 재외국민 보호 의무는 조약 기타 일반적으로 승인된 국제법규와 당해 거류국의 법령에 의해 누릴 수 있는 외교적 보호와 문화와 교육 등 제반 영역에서 지원하는 것을 포함한다고 판단했다(1993. 12. 23. 89헌마189).

다만 헌법에 의해 보호받는 재외국민이란 대한민국의 국민으로서 외국의 영주권을 취득한 자 또는 영주할 목적으로 외국에 거주하고 있는 자이므로, 대한민국 국적을 갖지 않은 자는 재외국민에 해당한다고 보기 어렵다고 판단했다(2015. 12. 23. 2013헌바11). 하지만 국가가 재외국민을 보호하기 위해서 구체적으로 어떤 의무를 부담하는지에 대해서는 여전히 불명확하다. 따라서 재외국민의 법적 권리를 제대로 보호하기 위해서는 구체적인 하위 법령을 마련해 법제도적 규범력을 더욱 강화해야 할 것이다.

보편적 인권의 확대

헌법 제6조 제2항에 따라 국제법과 조약이 정하는 바에 의해 지위를 보장하는 외국인에는 외국 국적을 가진 사람뿐만 아니라 무국적자도 포함된다. 국민은 근대국가의 핵심적 요소였으나, 현대국가에서는 시간과 공간의 제약이 약화됨에 따라 일정한 사안에서는 국적과 무관하게 실질적으로 관련성을 가진 모든 사람들을 국민의 개념에 포함시키고, 외국인도 일정한 범위에서 기본권의 주체로 인정하는 사례가 증가하고 있다.

국제평화를 유지하기 위해서는 외국에 있는 자국민을 보호하는 것과 함께 대한민국에 있는 외국인의 법적 지위를 보장하는 것도 필요하다. 헌법이 '국제법과 조약이 정하는 바'에 의한다는 것은 원칙적으로 상호주의를 따른다는 것이다. 상호주의란 국가 사이에 서로 등가인 것을 교환하거나 동일한 행동을 취하는 것을 말한다. 즉 헌법은 재외국민에 대해서는 법률이 정하는 바에 의해 보호하지만, 외국인의 법적 지위에 대해서는 국제법과 조약이 정하는 바에 의해 보장한다. 외국에 대해 재외국민의 보호를 요청하는 것에 상응하게 외국인의 법적 지위도 보장하는 것이다.

이를 위해 2017년에는 '재한외국인 처우 기본법'을 제정해 합법적으로 체류하는 외국인과 그 자녀의 인권을 보호하고 불합리한 차별을 받지 않도록 정책 수립 및 행정적 지원을 마련할 것을 규정하고 있다. 또한 국가와 지방자치단체는 국무총리 산하에 외국인정책위원회를 구성하고 재한외국인에 대한 민원 상담, 다문화에 대한 이해 증진, 국제 교류 등을 지원하도록 하고 있다. 특히 2019년에는 외국인근로자의 권리 보호를 위해 '외국인근로자의 고용 등에 관한 법률'을 제정하기도 했다. 헌법재판소 또한 외국인도 일정한 범위에서는 기본권의 주체로 인정된다고 판단했다(2016. 3. 31. 2014헌마367).

그러나 여전히 법제도적 차원의 개선이 필요한 것이 사실이다. 외국인에 대해 인도적 차원에서 망명권의 범위를 확대하고, 세계적 추세에 따라 법적 권리로 보호해야 할 영역을 더욱 확충해야 한다. 그동안 우리는 단일민족국가라는 강한 의식 탓에 외국인의 법적 지위를 소홀히 취급했으며, 외국인의 국적에 따라 차별적인 취급을 하기도 했다.

하지만 최근 다문화 사회로의 급변을 겪으며 사회 통합을 위해 대한민국에 체류하는 외국인의 인권을 보장하고 법적 권리를 보호할 것이 절실히 요구되고 있다. 국제사회에서 보편적 인권으로 인정되는 범위가 확대되고 있는 만큼, 법이 변화하는 현실을 따라가지 못한다면 규범력을 상실할 수도 있다. 따라서 세계평화와 국제사회를 이끌어가는 선진국가가 되기 위해 외국인의 법적 지위를 안전하게 보장하는 구체적인 법령을 제정해 현실에 적용해야 할 것이다.

헌법은 평화 속에서 실현된다

현대사회에서 인간은 전쟁과 자연재해 등으로 끊임없이 평화로운 삶을 위협받고 있고, 최근에는 핵무기 개발, 테러리즘, 환경오염과 생태계 파괴 등으로 그 위험성이 더욱 커지고 있다. 이에 따라 평화 또한 개인적 차원이 아닌 국가와 세계적 차원에서 안전하게 구축할 것이 요구된다. 이렇듯 현대국가에서 평화는 이제 추상적인 목표가 아니라 구체적인 삶의 조건이 되었다.

헌법의 목적인 인간의 존엄과 가치 실현은 평화로운 삶에서만 실현될 수 있다. 개인이 평화로운 삶의 조건에서 살아가는 것은 헌법적 가치로서 인간이 보편적으로 누려야 하는 타고난 권리다. 이에 따라 개인이 평화롭게 살아가는 것을 헌법적 기본권으로 인정해야 한다는 주장이 꾸준히 제기되고 있다. 이를 평화적 생존권 또는 평화권the right to peace이라고 한다. 국제사회에서는 1970년대 이후 평화를 인권적 관점에서 파악해 권리로 인식하고 있다.

평화권을 헌법적 기본권으로 인정할 실익은 헌법소원 심판의 대상이 된다는 것에 있다. 즉 평화권을 권리로 인정하더라도 헌법적 기본권이 아닌 법률상 권리에 불과하다면 그 권리가 침해되더라도 헌법소원심판의 대상이 되지 않는다. 물론 개인이 평화로운 삶의 조건에서 살아가는 것은 헌법적 가치로서, 인간이 보편적으로 누려야 하는 타고난 권리인 만큼 당연히 기본권으로 인정된다는 견해도 있다. 그러나 평화권이 기본권인지의 여부는 헌법 해석을 통해 도출되어야 한다. 평화권을 기본권으로 인정하기 위해서는 그에 부합하는 조건을 갖추어야 하기 때문이다.

기본권은 천부적 인권과 자연권에 기초하고 있지만, 인권과 동일한 개념은 아니다. 즉 인권도 헌법에 포섭되지 않으면 기본권에 해당하지 않고, 인권이 아니라도 헌법이 특별히 가치를 인정해 기본권으로 규정한 것은 기본권에 포함될 수 있다. 따라서 평화권이 인권에 해당한다고 하더라도 헌법적 기본권인지 여부는 헌법 규정의 해석을 통해 결정해야 한다.

기본권이란 국가의 최고규범인 헌법에 의해 보장되는 국민의 기본적 권리다. 이는 헌법적 가치로서 헌법이 직접 규정하거나 헌법 해석을 통해 의미와 내용이 도출되는 국가에 대한 주관적 공권이다. 헌법은 제10조에서부터 제39조까지 신체의 자유, 양심의 자유, 근로의 권리 등 국민의 권리와 의무를 규정하고 있지만, 평화권을 직접 규정하지는 않고 있다. 기본권으로 인정되기 위해서는 최소한 헌법 규정이나 헌법 해석에서 도출되어야 하는 만큼, 평화적 생존권이 기본권으로 인정받기는 어려워 보이기도 한다.

그러나 2006년 헌법재판소는 미군기지의 이전에 관한 헌법소원 사건에서 처음으로 평화적 생존권을 헌법적 기본권으로 인정했다. 즉 오늘날 전쟁과 테러 혹은 무력행위로부터 자유로워야 하는 것은 인간의 존엄과 가치를 실현하고 행복을 추구하기 위한 기본 전제이며, 이에 따라 헌법에 이를 보호하는 명시적 기본권이 없다면 헌법 제10조와 제37조 제1항으로부터 평화적 생존권이라는 이름으로 이를 보호하는 것이 필요하다고 했다. 또한 이때 평화적 생존권의 기본 내용은 침략전쟁에 강제되지 않고 평화적 생존을 할 수 있도록 국가에 요청할 수 있는 권리라고 판단했다 (2006. 2. 23. 2005헌마268).

하지만 2009년 전시증원연습 등에 관한 헌법소원 사건에서는 평화적 생존권을 헌법적 기본권으로 인정할 수 없다고 판단해 그 입장을 변경했다. 즉 평화주의가 헌법적 이념 또는 목적이라고 해서 이것으로부터 국민 개인의 평화적 생존권이 바로 도출될 수 있는 것은 아니라고 한 것이다. 평화적 생존권이라는 이름으로 주장하고 있는 평화란 헌법의 이념 내지 목적으로 추상적 개념에 지나지 않고, 개인의 구체적 권리로서 국가에 대해 침략전쟁에 강제되지 않고 평화적으로 생존할 수 있도록 요청할 수 있는 효력 등을 지닌 것이라고 볼 수 없다고 판단했다(2009. 5. 28. 2007헌마369).

헌법은 다양한 기본권을 개별적 기본권으로 나열하고 있을 뿐, 모든 종류의 기본권을 유형화해 헌법 규정으로 조문화하고 있지는 않으며, 이는 불가능하다. 관련해 헌법재판소는 헌법 제10조의 행복추구권을 소극적으로는 고통과 불쾌감이 없는 상태를 추구할 권리, 적극적으로는 만족감을 느끼는 상태를 추구할 권리라고 파악했다. 이때 행복추구권은 개별적 기본권에 포함되지는 않지만 헌법적 가치가 인정되는 권리를 기본권으로 포섭할 수 있는 창구로 기능할 수 있다. 하지만 그 의미가 주관적이고 추상적이기에 매우 광범위한 내용과 범위를 포괄하는 성격을 지닌다.

결국 행복추구권은 개별적 기본권에는 포함되지 않음에도 헌법적 가치로 인정해야 할 권리를 모아둔 것이라 할 수 있다. 따라서 헌법이 평화적 생존권을 개별적인 기본권으로 규정하고 있지는 않지만, 인간이 평화롭게 살아가는 것은 곧 행복추구권에 포함된다고 할 수 있다. 헌법재판소 역시 평화적 생존권을 기본권으로 인정했다가 입장을 변경했으나 헌법상 독자적이고 개별적인 기본권이 아니라고 판단한 것일 뿐, 헌법적 가치에서 배척한 것은 아니다. 향후 개별적 사안에서는 평화적 생존권이 행복추구권에 포함되는 것으로도 해석할 수 있을 것이다.

만약 평화적 생존권이 기본권으로 인정될 경우에 이는 국가의 기본권 보장 의무의 대상이 되며, 국가가 헌법적 의무를 위반할 경우에 이는 헌법 위반이 된다. 즉 국가가 평화권을 보호해야 할 헌법적 의무는 평화권이 행복추구권의 내용에 포함된다는 것을 전제로 할 때, 그 기본권에 대응해서 발생한다.

양심의 자유와 병역거부

헌법은 제39조 제1항에서 모든 국민은 법률이 정하는 바에 의해 국방의 의무를 진다고 규정하고 있으며, 병역법은 정당한 사유 없이 법률이 정하는 병역의무를 거부하는 자를 형사처벌한다고 밝히고 있다. 한편, 헌법 제19조는 모든 국민이 양심의 자유를 가진다고 규정한다.

우리 사회에서는 오랫동안 종교나 양심을 이유로 병역의무를 거부한 자를 형사처벌하는 것에 대해 헌법적 논쟁이 계속되어왔다. 즉 개인이 평화롭게 살아가는 것은 양심의 내용에 포함되고 이른바 '양심적 병역거부'를 형사처벌하는 것은 양심의 자유를 침해한다는 것이다. 양심적 병역거부란 종교나 비폭력, 평화주의 등 양심에 따라 입영을 거부하는 것을 말한다. 징병제를 채택하고 있는 대한민국에서, 그동안 병역거부로 형사처벌을 받은 사람은 2만 명에 육박한다. 양심의 자유란 개인의 자율적인 판단하에 구체적으로 무엇이 옳고 그른 것인지를 결정할 수 있는 윤리적 및 도덕적 인식의 형성과 그에 기초한 행동의 자유다. 이는 옳고 그른 것에 대한 판단을 추구하는 가치적이고 도덕적 마음가짐인 것이다.

이에 대해 대법원은 병역의무는 국민 전체의 인간으로서의 존엄과 가치를 보장하기 위한 것이고, 양심의 자유가 위와 같은 헌법적 법익보다 우월한 가치라고 할 수 없으며, 헌법적 법익을 위해 개인의 양심의 자유를 제한한다고 해도 이는 헌법상 허용된 정당한 제한이라고 판단했다(2004. 7. 15. 2004도2965). 양심적 병역거부가 현행법상 병역거부의 처벌 예외 사유인 '정당한 사유'에 해당하지 않는다고 판단한 것이다.

헌법재판소도 양심이나 종교를 이유로 병역의무를 거부하는 자를 처벌하는 병역법에 대한 위헌법률심판 사건에서 병역의무를 부과하는 것은 과잉제한금지의 원칙에 위반되지 않고, 대체복무제를 마련할 헌법적 의무도 없으며, 이는 입법자의 재량에 속한다고 판단했다(2011. 8. 30. 2008헌가22). 병역법의 규정이 양심의 자유를 침해하지 않는다고 본 것이다. 하지만 2018년 6월 헌법재판소는 병역의 종류에 양심적 병역거부자의 대체복무제를 규정하지 않은 병역법에 대해 헌법불합치 결정을 하고, 2019년 12월 31일까지 개선입법을 이행할 것을 명했다(2018. 6. 28. 2011헌바379). 다만 정당한 사유 없이 병역을 거부한 자를 처벌하는 병역법 규정은 헌법에 위반되지 않는다고 기존의 입장을 유지했다.

그 배경에는 2004년 서울남부지방법원에서 병역거부에 대한 병역법 위반 사건이 무죄로 선고된 이후, 하급심에서 70건이 넘는 사건에 대해 무죄판결이 선고된 것이 바탕을 이루었다. 이들 판결은 양심적 병역거부자에 대한 형사처벌은 헌법이 보장하는 양심의 자유를 침해한다고 판단한 것이다. 대법원과 헌법재판소가 양심적 병역거부자를 형사처벌하는 것이 위헌이 아니라고 판단했음에도 불구하고 하급심에서 계속해 무죄판결이 증가했고, 마침내 2019년 12월 국회는 대체복무제를 도입하는 내용으로 병역법을 개정했다.

양심의 자유로 보호되는 양심이란 완전히 주관적인 양심이 아니라 최소한 헌법적 가치로 보장할 수 있는 것이어야 한다. 다만 그것이 법률적 가치나 사회적 가치가 있어야 하는 것은 아니다. 이때 헌법적 가치로 인정되는지 여부는 구체적 사안에 따라 양심의 내용을 보고 판단해야 할 것이다. 대법원이 양심의 주관적 성격을 인정하면서도 사회적 평균인의 관점에서 그 기대 가능성이 있어야 한다는 점을 강조한 것도 이러한 관점에서 이해할 수 있다(2004. 7. 15. 2004도2965).

양심의 자유는 헌법 제37조 제2항에 따라 제한될 수 있다. 따라서 양심의 자유를 제한하는 경우에는 과잉제한금지의 원칙에 따르며, 이때는 양심의 자유가 갖는 특성을 고려해야 한다. 그러나 양심은 개인의 인격적 정체성을 유지하는 것이므로 생명권과 마찬가지로 완전하게 보장되지 않으면 의미가 없다. 즉 양심의 자유를 부분적으로 제한하는 것 그 자체가 양심에 반하는 내용을 강제하는 것이다. 따라서 양심의 자유는 완전히 인정되거나, 그렇지 않으면 침해되는 것으로 판단될 가능성이 크다. 또한 양심에 반하는 내용을 강제하는 것으로는 양심의 자유를 제한하는 목적을 달성할 수 없는 만큼, 수단의 적합성이 인정되지 않을 가능성도 크다. 양심의 자유를 제한하는 것이 위헌인지 여부를 판단하는 경우에는 이러한 특성을 고려해 보다 신중하고 엄격한 기준을 적용해야 할 것이다.

지금부터 준비해야 할
통일국가의 기초

헌법이 부여한 평화통일의 과제

1945년 제2차 세계대전이 종료됨에 따라 일제 식민지에서 해방된 후에도 남한과 북한은 끝내 통일국가를 이룩하지 못하고 분단되고 말았다. 여기에 1950년에는 6·25전쟁이라는 물리적 폭력까지 경험하면서, 남북한은 지금까지도 갈등과 분쟁을 평화적으로 해결하지 못하고 있다. 더욱이 이제 한반도의 분단은 구조적이고 문화적인 폭력으로까지 고착화되어 평화와 공존할 수가 없는 상태가 되었다. 우리 사회에는 아직까지 남북통일의 당위성과 근거, 달성 방안, 통일국가의 미래상 등에 대한 사회적 합의가 마련되지 않은 상태다. 오히려 통일에 대한 이슈는 정치적으로 이용되

고 이데올로기화되어 헌법적 규범력이 약화되는 등 사회
통합에 부정적인 영향을 미치기까지 했다.

남북통일이란 정치적 통일만 의미하는 것이 아니라 남
북한 주민의 사회심리적 통합을 포함한다. 또한 한반도에
단일한 국가를 형성하는 것으로 완성되는 '상태'가 아니라
통일국가의 미래상을 만들어가는 '과정'이다. 이러한 남북
통일은 한반도뿐만 아니라 세계평화를 위해서도 꼭 필요
한 과제다.

통일을 통해 한반도는 분단으로 인한 정치적 갈등, 경제
적 격차와 곤란, 인권침해와 불안 등 평화에 장애가 되는
폭력적 상황을 제거할 수 있다. 그리고 이 과정을 통해 만
들어진 통일국가에서는 남북한 주민 모두가 자유로운 평
등과 평등한 자유를 누릴 수 있게 된다. 이는 한반도뿐만
아니라 동북아시아와 세계의 평화를 실현하고 안정적으로
유지하기 위해 반드시 필요한 시대적 과제라고 할 수 있다.

통일은 헌법의 평화에 대한 규정 중 가장 많은 비중을
차지하고 있다. 앞서 언급했듯이 제4조를 통해 자유민주
적 기본질서에 입각한 평화적 통일 정책을 수립 및 추진한
다고 밝힘으로써 자유민주주의와 평화주의를 통일에 관한

헌법원리로 수용하고 있다. 또한 제66조 제3항과 제69조, 제92조를 통해서는 대통령에게 평화적 통일을 위한 헌법적 의무를 부과하고, 평화통일정책 수립에 관한 자문기구로 민주평화통일자문회의를 둘 수 있음을 규정하고 있다.

통일국가는 남북한 주민이 인간으로서의 존엄과 가치를 가지고, 자유롭고 평등하게 행복을 추구할 수 있는 국가공동체로 창조되어야 한다. 이것이 통일국가의 미래상이며, 통일국가의 헌법적 가치다. 따라서 통일국가는 달성하는 절차 또한 평화적이어야 한다. 이러한 통일국가에서만 평화가 실현될 수 있다. 자유민주적 기본질서에 입각한 평화통일의 헌법적 의무는 입법, 행정, 사법 등 모든 국가작용의 행위규범이자 통제규범으로 기능한다. 모든 국가권력은 통일 원칙에 부합하도록 행사되어야 하며, 그렇지 않을 경우 헌법 위반이 된다. 또한 통일 원칙은 남북교류협력은 물론 통일의 과정이나 통일국가를 완성하는 과정에서도 준수해야 할 규범적 기준이라고 할 수 있다.

하지만 이는 국민이 국가기관에 평화통일 추진에 관해 구체적으로 요구할 권리를 가진 것이라는 의미는 아니다. 헌법이 이를 기본권으로 인정한 것은 아니므로 국민이 국가기관을 상대로 평화통일을 위해 특정한 행위를 요구하거나 행정 및 입법 등 국가작용의 부작위에 대해 헌법 위반을 이유로 헌법소원심판을 제기할 수는 없다.

　헌법재판소도 평화통일의 원칙은 헌법의 연혁적·이념적 기초로서 헌법이나 법률 해석에서의 해석 기준으로 작용한다고 할 수 있지만, 이것이 곧바로 국민의 개별적 기본권성을 도출해낼 수는 없으므로 헌법소원의 대상인 '헌법상 보장된 기본권'에는 해당하지 않는다고 판단했다(2001. 3. 21. 99헌마139). 다만 헌법을 구체화하는 법률이 국민에게 평화통일에 관한 권리를 인정하는 경우에는 국가기관에 대해 평화통일을 추진할 법적 의무를 요구할 수 있는 구체적 권리를 갖는다고 할 수 있다.

평화통일의 원칙

남북한의 관계는 분단국가의 특수성을 가진다. 남한의 관점에서 북한은 국내법적으로 불법 단체라는 지위와 통일을 목표로 한 협력자라는 지위를 이중적으로 가진다. 국제법적으로는 남북한 각각 독립된 국제법의 주체라고 할 수 있다. 따라서 평화와 통일에 관한 헌법 조항도 남북관계의 특수성을 고려해 해석해야 한다.

건국헌법은 대한민국의 영토를 한반도와 그 부속도서로 규정했고, 이는 현행헌법 제3조에서 지금까지 유지되고 있다. 이에 따르면 북한지역은 통치권이 미치는 대한민국의 영토에 속하고, 북한주민도 대한민국 국민에 포함된다. 하지만 이와 동시에 현행헌법은 분단국가임을 인정하면서 제4조를 통해 자유민주적 기본질서에 입각한 평화적 남북통일을 규정하고 있어 두 조항이 서로 모순되는 것이라고 해석할 수 있다.

하지만 헌법 제3조는 통일국가의 최종적인 영토의 범위를 선언한 것이고, 제4조는 제3조의 목적을 실천하기 위한 통일 원칙을 밝힌 것으로 해석해야 한다. 제4조는 한반도의 분단을 극복하고 통일을 달성하기 위한 헌법원칙을 선언한 것이다. 즉 남북관계와 통일에 관한 사항을 헌법의 기본원리로 수용해 통일을 국가와 국민의 헌법적 책무로 규정한 것이다.

이러한 통일은 먼저, 자유민주적 기본질서에 입각해야 한다. 이에 따라 자유민주적 기본질서에 위배되는 통일은 허용되지 않는다. 헌법재판소도 헌법상 통일 관련 규정들은 통일의 달성이 우리의 국민적·국가적 과제이고 사명임을 밝히고 자유민주적 기본질서에 입각한 평화적 통일 원칙을 천명하고 있는 것이라고 했다. 그리고 이는 대한민국의 존립과 안전을 부정하는 것이 아니고, 자유민주적 기본질서에 위해를 주는 것이 아니라 그것에 바탕을 둔 통일이라고 판단했다(2000. 7. 20. 98헌바63).

자유민주적 기본질서란 앞서 설명했듯이 자유주의와 민주주의가 결합된 자유민주주의를 기초로 한다. 자유민주주의는 헌법적 가치로서 인간의 존엄과 가치를 보장하고, 개인의 자유와 평등, 그리고 정의를 실현하는 것을 목적으로 한다. 자유민주적 기본질서의 구체적인 내용을 확정하기는 어렵지만, 자유와 평등이 조화를 이루는 사회공동체의 구성원리라고 할 수 있다.

이처럼 헌법은 통일을 국가 목표로 선언하고 있으며, 이를 국가와 국민 모두가 실현해야 할 헌법적 의무로 규정하고 있다. 그리고 이때 통일에 관한 모든 규정은 평화통일을 의미하는 것으로 해석해야 한다. 물론 통일을 실현하는 방법과 절차는 국제 환경이나 남북관계 등 역사적 조건과 현실에 따라 다양하게 결정될 수 있다. 하지만 통일 원칙은 평화주의에 바탕을 두고 있으므로 통일국가의 미래상은 통일을 달성하는 방법과 절차 또한 반드시 평화적이어야 한다. 무력이나 강압에 의한 비평화적 통일은 결코 허용되지 않는다. 평화주의는 통일의 내용, 방법과 절차를 구속하는 조건이지 임의적으로 선택할 수 있는 다양한 수단과 방법 중의 하나가 아니다.

한편, 북한도 헌법을 통해 통일을 지향하고 있다. 북한은 1948년 제정한 헌법에서는 남북관계와 통일에 대해 직접 규정하지 않았지만, 제103조에서 조선민주주의인민공화국의 수부를 서울로 규정해 남한 지역도 북한의 영토에 포함되고, 북한헌법은 남한 지역을 포함한 한반도 전체에 적용된다는 것을 선언했다. 남북한 모두 자신이 한반도에서 유일한 합법정부이며 상대방은 불법적으로 영토의 일부를 점령하고 있는 불법 단체라고 주장함으로써, 헌법에서도 분단국가임을 부인한 것이다.

이후 1972년은 세계적으로 동서 냉전이 해소되면서 남북관계도 근본적인 변화를 맞았다. 남북한은 분단 이후 처음 당국 간 회담을 거쳐 '자주, 평화, 민족대단결'이라는 통일 원칙에 합의하고 7·4 남북공동선언을 발표했으며, 특그해 12월 헌법을 개정해 통일에 대한 사항을 헌법에 직접 규정했다. 하지만 이에 대해서는 남북한 모두 분단과 통일을 정치적으로 이용한 것이었다는 평가가 일반적이다. 남한은 유신정권을 강화하기 위해, 북한도 김일성의 정권 강화를 위해 통일을 내부 정치에 이용했다는 것이다.

이후 북한은 1992년 개정헌법에 '자주, 평화통일, 민족대단결'이라는 통일 원칙을 규정했고, 1997년에 헌법과 별도로 '조국통일 3대 헌장'을 발표했다. 이는 '조국통일 3대 원칙' '전민족대단결 10대 강령' '고려민주연방공화국 창립방안'으로 구성되어 있으며, 북한에서 실질적인 통일 원칙으로 기능하고 있다고 평가된다.

그러나 북한에서 해석하는 '자주, 평화통일, 민족대단결'은 남한과는 다른 의미를 지닌다. 즉 '자주'를 미제국주의를 몰아내는 것으로, '평화통일'을 주한미군을 철수시켜 한반도에 평화를 정착시키고 남조선 혁명을 완수하는 것으로, '민족대단결'을 남한의 사회주의 혁명을 완수하고 모든 정당과 사회단체의 연대를 통한 한민족 공동체를 완성하는 것으로 해석한다. 남북통일은 남북한이 함께 달성해야 할 과제이며, 어느 일방의 정치적 결단에 의해 달성될 수 있는 것이 아니다. 자유민주적 기본질서에 입각한 평화적 통일이라는 헌법원칙 역시 북한이 제시하는 통일 원칙과 조화롭게 실천할 수 있는 방안을 모색할 필요가 있다.

통일을 위한 법적 준비

통일국가는 남북한 주민 모두 인간으로서의 존엄과 가치를 가지고, 자유롭고 평등하게 행복을 추구할 수 있는 국가 공동체의 모습이어야 한다. 그리고 이러한 헌법적 가치는 통일헌법을 통해 실현되어야 할 뿐만 아니라 이를 마련하는 절차에도 반영되어야 한다. 한반도의 분단이 당시 국제 정세와 국내 정치의 분열에서 비롯되었듯 남북통일 역시 국제적 환경과 남북관계의 현실에 의존할 가능성이 크다.

시기적으로도 통일은 예측하지 못하는 순간에 다가올 수 있다. 그리고 이때 통일이란 일시적으로 완성되는 정치적 통일이 아니라 사회심리적 통합을 달성하는 과정이다. 또한 국가적 통일과 사회적 통합을 완성하는 과정에서는 법률과 사법적 통합이 필수적으로 요구된다. 따라서 지금부터라도 통일국가를 대비해 법적으로 준비해야 할 과제는 매우 많다.

특히 남북통일은 준비하는 과정에서는 여러 유의할 점이 있다. 통일은 하나의 민족국가를 달성하는 것이므로 민족주의와 민족자결주의에 기초할 수밖에 없다. 하나의 민족이라는 것은 통일의 당위성을 부여하는 강력한 이념적 기초다. 하지만 민족이란 정치적 이데올로기로서 배타적이고 폐쇄적으로 사용할 경우 폭력이 되어 제국주의로 퇴행할 위험도 내포하고 있다. 따라서 통일의 이념적 기초인 민족주의는 닫힌 민족주의가 아닌 열린 민족주의로 나아가야 한다. 즉 남북관계의 특수성과 통일의 정당성을 이념적으로 뒷받침하는 민족주의는 인간의 존엄과 가치를 존중하는 헌법적 가치 및 국제평화주의와 조화롭게 발현되어야 한다.

지금까지 헌법이 지향하는 평화통일을 실현하기 위해 다양한 법률이 제정되어왔다. '남북관계 발전에 관한 법률' '남북교류협력에 관한 법률' '남북협력기금법' '남북 이산가족 생사확인 및 교류 촉진에 관한 법률' '남북 주민 사이의 가족관계와 상속 등에 관한 특례법' '통일교육 지원법' '북한이탈주민의 보호 및 정착지원에 관한 법률' '북한인권법' 등이 남북관계와 통일에 대한 특별법으로 적용되고 있다. 이외에도 '교육기본법' '접경지역 지원 특별법' '과학기술기본법' '지식재산기본법' 등 개별 법률도 남북한의 교류협력에 대해 규정하고 있다.

특히 2005년 제정된 '남북관계 발전에 관한 법률'은 대북정책의 투명성과 민주적 정당성을 확보하기 위해 국가가 대북정책을 수행하는 방식과 절차를 규정하고 있다. 이 법은 평화통일과 대북정책의 법적 근거를 제시하는 기본법이며, 남북관계의 특수성을 반영하는 특별법이자 남북합의서의 규범력을 확보하기 위한 절차법으로서 기능한다. 이에 따르면 남북관계 발전의 기본원칙은 자주, 평화, 민주의 원칙에 입각해 남북한의 공동 번영과 한반도의 평화통일을 추구하는 방향으로 추진하는 데 있다. 또한 남북관계는 국민적 합의를 바탕으로 투명과 신뢰의 원칙에 따라 추진되어야 하며, 정치적 및 파당적 목적을 위한 방편으로 이용하지 말아야 한다고 규정한다.

한편, 1990년 제정된 '남북교류협력에 관한 법률'은 국가기관이 아닌 민간이 남북교류협력을 추진하는 것을 규율하는 기본법이다. 남북관계는 이 법을 통해 비로소 법치주의의 틀에서 규율되었으며, 남북관계의 변화를 반영해

수차례 개정되었다. 이 법은 남북한 주민의 왕래와 접촉 등 인적 교류와 물품의 반출과 반입 등 물적 교류를 엄격하게 통제하면서 예외적으로 통일부장관의 승인을 받은 경우에만 이를 허용하고 있다. '남북관계 발전에 관한 법률'과 '남북교류협력에 관한 법률'은 두 개의 기본 축으로서, 남북교류와 평화통일을 추진하는 법률체계를 지탱한다.

그리고 남북관계를 규율하는 법률체계로서 남북합의서 또한 매우 중요하다. 남북한은 법률이념과 체계를 달리하고 있는 만큼 남북관계를 안정적으로 규율하기 위해서는 남북합의서를 체결하고 그 규범력을 확립하는 것이 현실적으로 바람직하다. 2000년 이후 남북한은 약 200건 이상의 남북합의서를 체결했으나, 그 가운데 대부분은 법적 효력이 인정되는 조약이 아닌 신사협정에 불과하다. 남북합의서가 법적 효력을 갖기 위해서는 헌법과 '남북관계발전에 관한 법률'에 따라 체결되어야 하며, 법률과 동일한 효력을 갖기 위해서는 국회의 사전 동의를 받아야 한다.

우리나라는 남북교류협력과 평화통일을 실현하기 위해 노력하고 있지만, 남북관계의 변화에 따라 법적 규범력은 그때그때 달라지고, 남북관계 자체도 국내외적 정치 상황에 의존하고 있는 것이 현실이다. 남북관계와 평화통일을 체계적으로 규율하는 법규범이 부족하고, 그 현실적 규범력에도 한계가 있는 것이다. 따라서 남북관계를 개선해 교류협력을 확대하고 통일국가를 준비하기 위한 법제도적 개선이 필요하다.

이를 위해서는 우선, 남북관계를 규율하는 기본법을 보완하고 규범력을 강화해야 한다. 현행 법률들은 남북관계에서 발생하는 사안의 성격에 따라 적용 범위를 달리 규정하고 있어 남북관계를 통일적이고 체계적으로 규율하기 어렵다. '남북관계 발전에 관한 법률'은 남북관계의 기본원칙만 제시하고 있고, '남북교류협력에 관한 법률'도 남북교류협력을 통제하고 규율하는 것을 원칙으로 하고 있어 평화통일을 실현하기 위한 규범으로 인정하기 어렵다는 한계가 있다. 남북관계의 특성을 고려할 때 이러한 법률의 규범력을 확립하기 위해서는 북한도 남북관계와 평화통일에 관한 법률을 제정해 시행할 수 있도록 설득해야 할 것이다.

또한 남북합의서를 체결하는 절차를 정비하고, 그 규범력을 강화하도록 보완해야 한다. 남북관계의 발전을 위해서는 남북합의서가 제대로 이행되는 것이 매우 중요하다.

경제협력을 비롯해 그동안 체결된 남북합의서의 이행 상황을 점검해 입법 등 후속 조치를 이행하고, 추가적으로 합의가 필요한 사항을 준비해야 한다. 남북합의서는 통일국가를 완성하는 과정에서 법률 통합에 중요한 선례로 작용할 것이기에 남북합의서의 형식, 내용, 발효 절차와 효력 등에 대해 기본 모델을 마련하는 것도 필요하다.

이외에도 남북관계가 실효적으로 발전하기 위해서는 국제사회의 협조와 지원이 필수적으로 요구된다. 남북관계를 국제질서에 안정적으로 편입시켜 국제법과 부합하도록 규율하는 것은 평화 실현을 위해서도 필요하다. 남북합의서도 국제조약과 일반적으로 승인된 국제법규와 조화를 이룸과 동시에 남북관계의 특수성을 반영하도록 보완해야 한다. 특히 한반도의 평화를 제도적으로 구축하기 위해서는 군사정전협정을 평화협정으로 전환할 필요가 있으므로 이에 대한 준비도 필요하다. 남북관계를 개선하더라도 유엔의 대북제제결의안에 위반되지 않도록 그 예외사항을 검토하는 등 면밀하게 준비해야 할 것이다.

통일국가의 미래상, 통일헌법

통일국가의 미래상은 통일헌법을 통해 확정된다. 따라서 통일을 완성하는 단계에서 통일헌법을 안정적으로 마련하기 위해서는 그 헌법적 가치를 미리 준비해야 한다. 통일국가의 헌법적 가치는 통일국가에서뿐만 아니라 남북한이 분단 상황에서 교류협력을 추진하고 통일을 달성하는 과정에서 준수해야 할 최고의 규범적 기준이기 때문이다.

따라서 통일헌법은 절차적인 측면과 내용적인 측면 모두에서 미리 준비되어야 한다. 먼저, 절차적 측면에서 통일국가의 주권자인 남북한 주민 전체의 의사가 왜곡되지 않고 제대로 반영되어야 한다. 대한민국 헌법은 정당한 법통성에도 불구하고 건국헌법을 제정할 당시에 북한주민의 주권적 의사를 반영하지 못했다는 한계가 있었다. 그 이후 아홉 차례에 걸쳐 개정되는 동안에도 이러한 사정은 여전히 변하지 않았다. 이는 북한헌법의 경우도 마찬가지였다. 따라서 통일헌법을 마련하는 과정에서는 반드시 남북한 주민 전체의 의사가 반영될 수 있는 제도적 장치를 마련해야 할 것이다.

통일헌법의 형식과 관련해서는 남한의 헌법을 기본으

로 개정하자는 견해와 통일국가에 필요한 헌법을 새롭게 제정해야 한다는 견해가 나뉜다. 그러나 통일헌법을 마련하는 형식은 통일을 달성하는 역사적 현실에 따라 다르게 나타날 가능성이 크다. 즉 남북한이 합의에 따라 통일합의서를 체결하고 통일국가를 실현할 경우에는 새로운 통일헌법을 제정할 가능성이 클 것이다. 그러나 북한이 급변 사태 등으로 남한의 헌법체제에 편입하게 되는 경우에는 헌법을 개정하는 방식이 될 것이다.

또한 통일헌법은 통일을 달성하는 당시의 국내외적 여건과 환경에 따라서도 바뀔 수 있다. 따라서 지금으로서는 남북한 주민의 의사가 반영될 수 있는 제도적 장치를 마련하는 것이야말로 가장 중요하고, 통일헌법을 마련하는 것은 통일을 맞이하는 당시의 역사적 현실과 조건에 맞추어 어떤 방식이라도 무방하다고 할 수 있다.

다음으로, 통일헌법은 내용적 측면에서 통일국가의 미래상과 비전을 담아야 한다. 통일국가는 남북한 주민 전체가 인간으로서의 존엄과 가치를 가지고 자유롭고 평등하게 행복을 추구할 수 있는 국가공동체가 되어야 할 것이다. 이러한 헌법의 목표는 대한민국 헌법의 목표와 동일하며,

따라서 이를 실현하기 위한 헌법원리 또한 동일할 수밖에 없다. 즉 국민주권, 법치국가, 자유민주주의, 국제평화, 문화국가 실현이 바로 그것이다. 헌법의 이러한 기본원리는 통일국가에서도 그대로 채택되고 실현되어야 할 것이다.

남북한이 통일을 달성하는 과정에서는 통일 방식과 무관하게 통일합의서를 체결할 가능성이 클 것이다. 이때도 통일국가의 헌법적 가치와 기본원리를 제시할 수 있을 것이다. 통일합의서에는 통일국가의 국호, 국기, 수도 등 통일국가의 정체성을 상징하는 내용을 포함할 수 있으며, 정부 형태와 의회의 구성 등 국가기관의 조직에 대해서도 규정할 수 있을 것이다.

이외에도 통일로 인한 혼란을 제거하고 신속하고 안정적인 통일 관리를 위한 내용이 포함될 수 있다. 남북한 법률 적용의 원칙, 남북한 지역에서 행한 행정작용과 사법작용의 법적 효력, 남북한의 대외적 외교관계의 재조정, 재산 소유권 통합과 사회보장과 같은 경제질서의 재구축 등이 대표적이다. 또한 새로운 통일국가를 건설하는 과정에서 과거의 불행을 치유하고 극복하기 위해 이른바 '체제 불법의 청산'도 중요한 쟁점이 될 것이므로 정치적 가해자의 처벌, 피해자의 복권과 구제 등에 대해서도 기본원칙을 규정해야 할 것이다.

통일헌법을 준비하기 위해서는 통일국가의 미래상과 통일헌법을 제정하는 기본 절차를 현행헌법에 규정하는 것이 필요하다. 현행헌법이 규정하는 자유민주적 기본질서에 입각한 평화통일은 통일국가의 헌법적 가치이자 통일을 달성하는 방식을 선언한 것일 뿐, 통일국가의 구체적 미래상과 이를 실현하는 기본적인 절차에 대해서는 아직 아무런 규정이 없다.

따라서 통일을 안정적으로 달성하기 위해서는 통일국가의 미래상인 기본적 헌법 가치와 통일헌법의 제정 등에 관한 기본적인 내용과 절차를 헌법에 규정하는 것이 도움이 될 것으로 보인다. 이는 남한의 헌법개정이 요구되는 작업이므로 개헌을 통해 해결해야 할 것이다.

Q 묻고

답하기 A

헌법적 관점에서 동서독의 분단과 통
일은 남북한과 어떻게 다른가?

동서독과 남북한은 제2차 세계대전 이후 국제적
냉전과 이데올로기의 대립으로 분단되었다는 공
통점이 있다. 하지만 1990년 독일은 통일을 이루
었고, 그것이 아니더라도 동서독과 남북한의 분
단과 통일은 본질적으로 공통점보다 차이점이 훨
씬 크다.

서독과 동독은 분단 이전에 근대 국민국가를
경험했고 분단 초기에는 각자가 독일의 정통성을

승계했다고 주장하면서 공통된 독일제국의 법률을 적용했다. 하지만 남북한은 단일한 국민국가를 경험하지 못한 채 분단되어 처음부터 상이한 법률체계를 형성했다. 독일제국과 동서독의 관계는 대한제국과 남북한의 그것과는 달랐다. 따라서 통일의 규범적 의미도 서로 다를 수밖에 없다.

서독은 일관되게 하나의 통일 정책을 고수했지만, 동독은 1972년을 기점으로 두 개의 국가와 두 개의 민족을 주장하면서 통일 정책을 사실상 포기했다. 그러나 1972년 동서독 기본 조약을 체결함에 따라, 서독과 동독의 의회는 비준 동의를 했고 서독연방헌법재판소는 그 법적 효력을 인정했다. 남북한 또한 현재까지 각각 통일을 국가 목표로 설정하고 통일 정책을 추진하고 있다. 1991년에는 남북 사이의 화해와 불가침 및 교류협력에 관한 남북기본합의서를 체결하기도 했다. 그러나 국회의 비준 동의를 받지 않았고 헌법재판소와 대법원은 그 법적 효력을 인정하지 않았다.

한편 남북통일의 방식에 관련해서도 여러 가

지 견해가 엇갈린다. 합의통일과 흡수통일에 대한 것인데, 흔히 동서독의 통일을 흡수통일이라고 한 데서 기인한다. 합의통일은 남북한이 서로 합의해 평화적으로 달성하는 통일이고, 절차적으로나 내용적으로 그 의미가 명확하다. 하지만 흡수통일은 절차적 관점과 내용적 관점이 서로 다르게 이해될 수 있다. 절차적으로는 일방이 다른 일방의 의사를 무시하고 흡수하는 폭력적 방식의 통일이고, 내용적으로는 일방이 다른 일방의 헌법체제를 수용해 흡수하는 방식의 통일이다.

동서독의 흡수통일은 후자의 의미로 사용할 수 있을 뿐, 전자의 의미로 사용해서는 안 된다. 서독이 동독의 의사를 무시하고 폭력적으로 흡수한 것이 아니라 동독이 자율적으로 민주개혁을 거친 후 서독의 헌법체제로 편입한 것이기 때문이다. 합의통일과 흡수통일은 동일한 기준에 놓인 선택적 사항이 아니다. 우리의 통일 방식을 고민할 때 이러한 용어의 혼란으로 그 내용이 왜곡되지 않도록 해야 할 것이다.

우리에게는 '좋은' 헌법이 있다

지금까지 대한민국이라는 국가공동체를 헌법이라는 잣대로 읽어봤다. 이를 위해 대한민국의 현실과 국민주권, 법치국가, 자유민주주의, 그리고 평화와 통일이라는 헌법적 가치를 각각 자인과 졸렌의 관점에서 서로 대비하며 살펴봤다. 그리고 졸렌의 세계를 실현하기 위한 과제에 대해서도 고민했다. 개인, 국가, 헌법이 자인과 졸렌의 관점에서 서로 교차하는 모습도 발견할 수 있었다.

사실 현재의 대한민국은 또 다른 나 자신이자, 나를 비추는 거울이기도 한 만큼, 있는 그대로의 모습을 객관적으로 보기는 쉽지 않다. 현실은 냉혹하고 진실은 잔인한 법이다. 하지만 역사적 현실을 인정할 때 우리는 미래로 나아갈 수 있다.

결론적으로 지금 대한민국은 '비교적' 건강하다고 평가하고 싶다. 시간적으로 과거 100년을 돌아보고, 공간적으로 다른 나라를 살펴보더라도 비교적 좋은 국가를 만들었다고 할 수 있다. 그 이유는 여러 가지가 있겠지만, 좋은 헌법을 가졌다는 것도 중요한 이유다. 대한민국은 1948년 건국헌법을 제정한 후부터 지금까지, 그 헌법적 가치를 지향점으로 삼으며 지난한 상처를 극복해왔다.

물론 아직 지향점에 도달한 것은 아니기에, 헌법적 가치만을 기준으로 놓고 보면 대한민국의 오늘은 아직 불안하고 갈 길도 멀고 험난하다. 앞으로 대한민국이 어디로 갈 것인지는 알 수 없다. 하지만 최소한 어느 방향으로, 어떻게 가야 할 것인지는 헌법에 제대로 제시되어 있다.

그렇다면 지금 나는 무엇을 해야 할까? 이를 위해서는 헌법적 가치라는 추상적인 선을 추구하기보다 구체적으로 드러난 반反헌법적 악을 제거하기 위한 노력이 무엇보다 중요하다.

이를 위해서는 내가 발을 딛고 서 있는 곳에서 시작할 수 있는 준칙이 필요하다. 모든 종교에서 공통적으로 강조하는 실천윤리인 '황금률'이 그것이다. 황금률이란 일반적으로 '자기가 대접받고 싶은 대로 다른 사람에게 행하라'라고 이해된다. 이것은 타인의 의사와 상관없이 자기를 기준으로 대접받고 싶은 대로 타인을 대하는 것이다. 따라서 자기의 가치를 타인에게 폭력적으로 강요하는 결과를 초래할 수 있고, 이를 정당화할 위험이 있다.

따라서 '자기가 대접받고 싶지 않은 것을 다른 사람에게 행하지 말라'는 의미로 실천하는 것이 더 적절하다. 이는 소극적이기는 하지만, 자기가 당한 구체적인 악을 타인에게 폭력으로 강요하지 않도록 한다.

논어에서는 이를 '기소불욕己所不欲 물시어인勿施於人'이라고 표현한다. 하지만 이것 역시 대접받고 싶은 것이나 대접받고 싶지 않은 것을 판단하는 주체는 '자기'다. 따라서 자기의 판단과 의사에 기초해 타인을 대하는 것이라는 점에서는 마찬가지로 폭력적인 속성을 가진다. 황금률이 나와 상대방 모두에게 공정하고 안전하게 적용되기 위해서는 '자기'가 아닌 '다른 사람'이 대접받고 싶은 것을 행하고, 대접받고 싶지 않은 것을 행하지 않는다는 윤리로 발전해야 하지 않을까.

이 책에서 제시한 생각거리를 통해 개인의 삶, 국가공동체, 그리고 헌법이라는 상관관계에 대해 성찰하고 이로부터 더욱 행복한 시간을 만들어가길 기원한다.

참고문헌

1. 권영성,『헌법학원론』, 법문사, 2007.

2. 김철수,『헌법학개론』, 박영사, 2007.

3. 김철수,『헌법과 법률이 지배하는 사회』, 진원사, 2016.

4. 김철수,『한국통일의 정치와 헌법』, 시와 진실, 2017.

5. 김하열,『헌법소송법』, 박영사, 2018.

6. 성낙인,『헌법학』, 법문사, 2019.

7. 성낙인 외,『헌법소송론』, 법문사, 2012.

8. 이효원,『통일법의 이해』, 박영사, 2018.

9. 이효원,『통일헌법의 이해』, 박영사, 2016.

10. 이효원, 『평화와 법』, 모시는 사람들, 2018.

11. 장영수, 『헌법학』, 홍문사, 2019.

12. 정종섭, 『헌법학원론』, 박영사, 2018.

13. 정종섭, 『헌법소송법』, 박영사, 2019.

14. 최대권, 『법치주의와 민주주의』, 서울대학교출판문화원, 2012.

15. 한수웅, 『헌법학』, 법문사, 2020.

16. 허영, 『헌법이론과 헌법』, 박영사, 2017.

17. 허영, 『헌법소송법론』, 박영사, 2020.

KI신서 9141

우리에게는 헌법이 있다

1판 1쇄 발행 2020년 5월 18일
1판 7쇄 발행 2024년 4월 3일

지은이 이효원
펴낸이 김영곤
펴낸곳 ㈜북이십일 21세기북스

서가명강팀장 강지은 **서가명강팀** 박강민 서윤아
디자인 THIS-COVER
출판마케팅영업본부장 한충희
마케팅2팀 나은경 정유진 백다희 이민재
출판영업팀 최명열 김다운 김도연 권채영
제작팀 이영민 권경민

출판등록 2000년 5월 6일 제406-2003-061호
주소 (10881)경기도 파주시 회동길 201(문발동)
대표전화 031-955-2100 **팩스** 031-955-2151 **이메일** book21@book21.co.kr

(주)북이십일 경계를 허무는 콘텐츠 리더

21세기북스 채널에서 도서 정보와 다양한 영상자료, 이벤트를 만나세요!
페이스북 facebook.com/jiinpill21   포스트 post.naver.com/21c_editors
인스타그램 instagram.com/jiinpill21   홈페이지 www.book21.com
유튜브 youtube.com/book21pub

서울대 가지 않아도 들을 수 있는 명강의! 〈서가명강〉
유튜브, 네이버, 팟캐스트에서 '서가명강'을 검색해보세요!

ⓒ 이효원, 2020

ISBN 978-89-509-8826-5 04300
       978-89-509-7942-3 (세트)